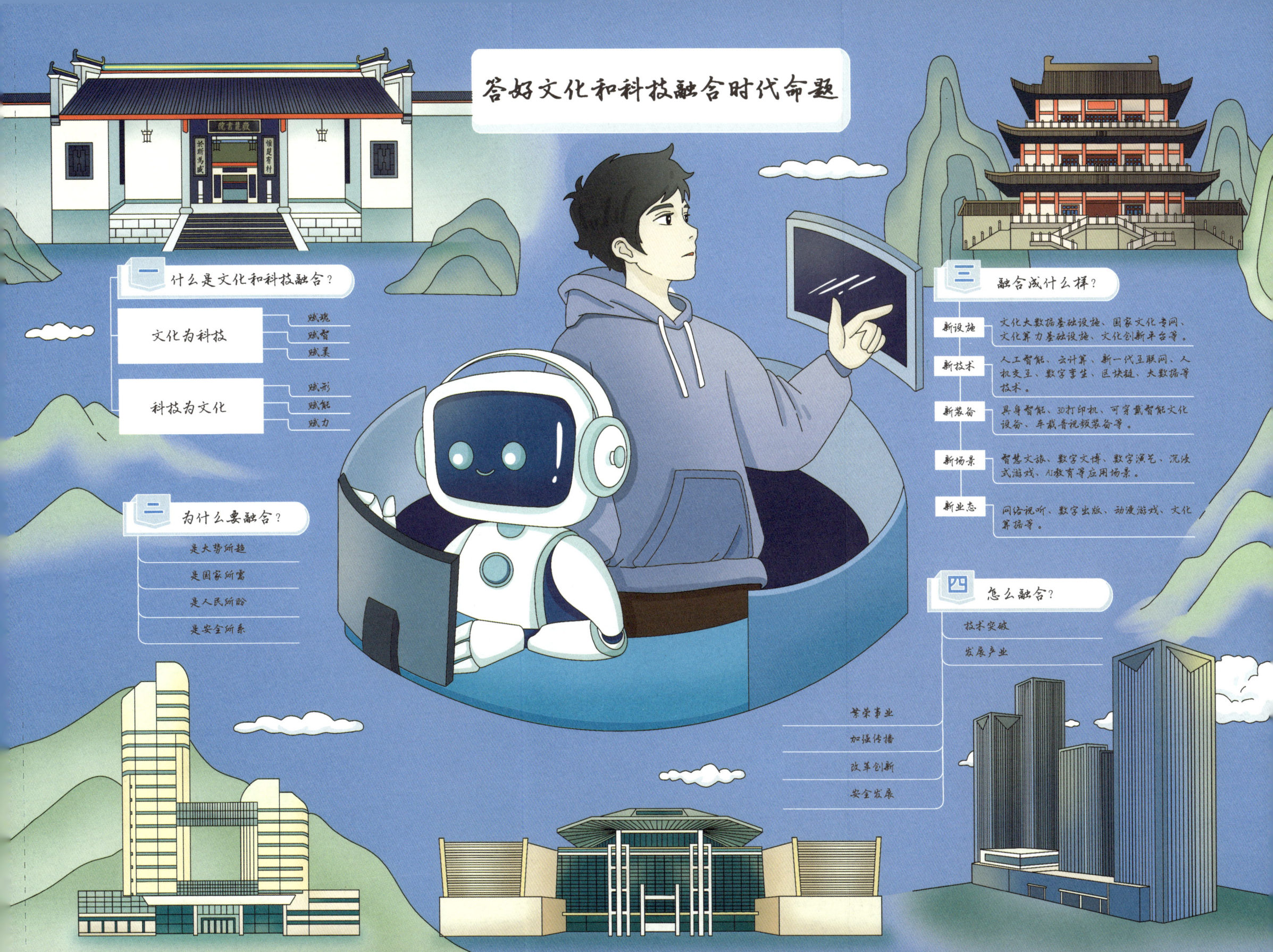

湖南省社会科学院（湖南省人民政府发展研究中心）
创新工程资助项目"文化＋科技深度融合研究"成果

融变鼎新
文化和科技融合的理论透视

本书编写组 ◎ 编著

湖南人民出版社·长沙

《融变鼎新：文化和科技融合的理论透视》
编 写 组

组　长：钟　君

副组长：侯喜保

成　员：潘小刚　李　晖　罗黎平　周湘智　闫仲勇
　　　　何明明　邓子纲　陈　英　马　骏　刘　陶
　　　　许安明　黄　晶　李　詹　贺超群　史常亮
　　　　黄　东　陶庆先　毛　健　刘启民　向志柱
　　　　郑自立

序言

当前，文化和科技正以前所未有的速度、深度、广度加快融合发展，全方位推动人类生产生活方式、思想观念、社会组织结构等系统性革新，由此引发的全球经济社会大变革浪潮扑面而来。

在世界百年未有之大变局下，在中华民族伟大复兴的关键时期，加快推动文化和科技融合，有利于催生新的文化业态，促进文化创新创造，培育文化领域新质生产力，对于在新的起点上继续推动文化繁荣、建设文化强国、建设中华民族现代文明具有重要意义。

早在2020年9月，习近平总书记在湖南考察时就指出，文化和科技融合，既催生了新的文化业态、延伸了文化产业链，又聚集了大量创新人才，是朝阳产业，大有前途。2024年3月，习近平总书记考察湖南时进一步强调，要探索文化和科技融合的有效机制，加快发展新型文化业态，形成更多新的文化产业增长点。同年7月，党的二十届三中全会提出要深化文化体制机制改革,并对探索文化和科技融合的有效机制作了专门部署。这些重要精神,为我们推动文化和科技融合发展指明了前进方向,提供了根本遵循。

湖南拥有悠久的历史文化、厚重的革命文化、活跃的现代文化,具有科技、教育、人才资源优势,在推进文化和科技融合方面有着良好基础和广阔前景。从文化来看,湖南广电长期稳居亚洲电视品牌行业第2位,中南传媒、芒果超媒、电广传媒等连续多年入选"全国文化企业30强"榜单,芒果TV成为唯一进入全国互联网企业前20强的国有平台,"电视湘军""出版湘军""动漫湘军""演艺湘军"不断崛起,创造了备受瞩目的"湖南文化现象"。从科技来看,飞腾cpu(中央处理器)、鲲鹏CPU、麒麟操作系统等"两芯一生态"相继涌现,超级计算机、超级杂交稻、超高速轨道交通等一系列重大科技成果享誉全球。特别是近年来,湖南始终牢记习近平总书记嘱托,深入贯彻习近平文化思想,充分发挥湖南独特的文化创意优势与先进制造业优势,深入实施科技赋能文化产业创新工程,积极推进数字文博大平台、音视频装备展、马栏山音视频实验室等标志性项目建设,先后引进腾讯、华为、网易等头部企业入驻马栏山视频文创产业园，山海APP（应用程序）"24小时不打烊博物馆"正式上线，在音视频、人工智能、5G（第五代移动通信技术）、云计算、北斗应用等领域突破一批关键技术，形成一批产业集群，文化和科技融合发展取得明显成效。当然，面对这一全新的时代命题，如何理解文化和科技融合的内在逻辑？如何把握这一重大战略机遇？需要深化研究论证，做好阐释解读工作。

2023年以来，湖南省社会科学院（湖南省人民政府发展研究中心）组织专家学者经过近一年的调查研究论证，编撰出版《融变鼎新：文化和科技融合的理论透视》一书，从理论视角与实践维度，初步回答了"什么是文化和科技融合""为什么要融合""融合成什么样""怎么融合"等问题，以期为湖南乃至全国探索文化和科技融合的有效机制，加快培育发展文化领域新质生产力，提供一定的启发意义。

是为序。

钟　君

2024年9月

目 录

绪　论 / 001

第 1 章
什么是融合：
"软实力"与"硬支撑"的双向奔赴 / 019

一、文化和科技融合的内在机理 / 021

1. 文化能为科技带来什么 / 021
2. 科技能为文化带来什么 / 029

二、文化和科技融合的历史溯源 / 040

1. 基于工具和器物层面的简单糅合 / 040
2. 从"铅与火"到"光与电"的巨大变迁 / 044
3. 信息化与智能化时代的深度融合 / 048

三、文化和科技融合的理论逻辑 / 051

1. 科技和文化基于知识的关联性 / 051
2. 价值理性和工具理性的互补性 / 055
3. 科技与人文学科边界的模糊性 / 059

四、文化和科技融合的实践考察 / 063

1. 科技驱动下的"业态升级" / 064
2. 跨界聚合下的"产品新创" / 068
3. 技术植入下的"内容活化" / 070
4. 互促共生下的"生态重构" / 072

第 2 章
为什么要融合：
必须回答好的时代命题 / 077

一、大势所趋：一场扑面而来的大变革 / 079

1. 推动全球产业和国际竞争格局深度调整 / 079
2. 深刻改变文化创作、传播和消费方式 / 081
3. 深刻改变社会思维方式和交往模式 / 084

二、国家所需：不容错失的重大战略机遇 / 088

1. 建设中华民族现代文明的战略需要 / 088
2. 培育发展新质生产力的客观需要 / 091
3. 加快建设国家战略科技力量的现实需要 / 095

三、人民所盼：梦幻照进现实的消费新体验 / 099

1. 为人民群众文化消费铺就"升级之路" / 099
2. 为基本公共文化服务弥合"数字鸿沟" / 102

四、安全所系：必须取胜的意识形态主战场 / 107

1. 有效应对网络平台的意识形态安全风险挑战 / 107
2. 扭转党管国有平台主流话语权趋弱的被动局面 / 110
3. 加快构筑国家文化利益和文化主权"防火墙" / 112

第3章
融合成什么样：
"五新"呈现 / 117

一、新设施 / 119

1. 文化大数据基础设施 / 119
2. 国家文化专网 / 122
3. 文化算力基础设施 / 124
4. 文化创新平台 / 126

二、新技术 / 128

1. 人工智能技术 / 129
2. 云计算技术 / 131
3. 新一代互联网技术 / 132
4. 人机交互技术 / 133
5. 数字孪生技术 / 134
6. 区块链技术 / 136
7. 大数据技术 / 138

三、新装备 / 140

1. 具身智能 / 140
2. 3D 打印机 / 142
3. 可穿戴智能文化设备 / 144
4. 车载音视频装备 / 145

四、新场景 / 148

1. 智慧文旅应用场景 / 148
2. 数字文博应用场景 / 151
3. 数字演艺应用场景 / 153
4. 沉浸式游戏应用场景 / 155
5. AI 教育应用场景 / 157

五、新业态 / 160

1. 新产业 / 161
2. 新模式 / 173
3. 新集成 / 186

第4章
怎么融合：
找准文化和科技融合的切入点 / 199

一、技术突破：聚力融合共促 / 201

1. 培育文化领域国家战略科技力量 / 202
2. 加快文化科技关键核心技术攻关 / 204
3. 突出前沿技术引领 / 207

二、发展产业：抢占融合先机 / 209

1. 推动产业集聚 / 209
2. 培育骨干企业 / 212
3. 抓好重大项目 / 214

三、繁荣事业：增强融合福祉 / 216

1. 提升公共文化服务数字化水平 / 216
2. 加强文化遗产保护传承 / 218
3. 促进文艺作品与前沿科技融合 / 220

四、加强传播：提升融合质效 / 223

1. 推动党的创新理论高质量传播 / 223
2. 推动全媒体传播体系建设 / 225
3. 推动数字文化出海 / 226

五、改革创新：探索融合机制 / 229

1. 构建科学领导机制 / 229
2. 构建协同创新机制 / 231
3. 构建市场导向机制 / 232
4. 构建要素配置机制 / 234

六、安全发展：防范融合风险 / 237

1. 守住意识形态红线 / 238
2. 守住数据安全防线 / 240
3. 守住科技伦理底线 / 241

后　记 / 244

绪 论

文化之美,浸润人心;科技之光,照亮未来。在人类历史长河中,文化和科技的每一次融合,犹如氘与氚结合产生核聚变一样,爆发惊人力量,推动革故鼎新。纵观人类历史,世界科学中心的每一次大转移无一不孕育于文化思潮的大变迁,人类社会的每一次大进步无一不源自于文化和科技的大融合。从"纸与笔""铅与火",到"光与电""数与网",再到如今"云与端""数与智",文化和科技的大融合,无不带来人类社会的大变迁、大发展、大跃升。

当前,新一轮科技革命和产业变革席卷而来,以数字化、网络化、智能化为特征的新一轮文化和科技深度融合是大势所趋,将深刻重塑人类社会。正因为如此,习近平总书记指出,世界正在进入以信息产业为主导的经济发展时期,要把握数字化、网络化、智能化融合发展的契机,以信息化、智能化为杠杆培育新动能;强调文化和科技融合,既催生了新的文化业态、延伸了文化产业链,又集聚了大量创新人才,是朝阳产业,大有前途。什么是文化和科技融合?为什么要融合?融合成什么样?怎么融合?这些问题背后的深层次逻辑,酝酿着一股强大发展态势,蕴藏着一次重大战略机遇,值得深入研究、抢先布局。

一

什么是文化和科技融合?要搞清楚这个问题,首先要弄明白什么是文化、什么是科技。文化以社会为对象,致力于以文化人;科技以自然为对象,致力于以技驭物。文化和科技本质上都源于人类经验的积累和知识的进化。只不过文化更强调价值理性,而科技更注重工具理性。关于文化的定义有很多,可谓仁者见仁、智者见智。但如果从文化的基本构成来讲,由内到外大致分为三个层次,即"内道""外器""规制"。"内道"是指文化所承载的思想、精神、价值观念和思维方式。这是文化最核心的东西,也是不同文化之间的本质区别。"外器"是指呈现文化的载体,包括书籍、服饰、建筑等物质载体,也包括语言、音乐、饮食等非物质载体。"规制"是指文化传承传播的规则、制度、风俗、习惯等。规制的绵延,保证了文化的赓续。概言之,文化的核心是思想精神和价值观念，呈现于物质载体或非物质载体，依托于制度规则或风俗习惯进行传承传播。因此，文化本质上是一种精神文化。中央政治局委员、中宣部部长李书磊就指出："文化是一种精神力量，一种诉诸长远、诉诸千秋万代的视野与情怀。"

按中国传统文化的说法，形而上之"道"谓为"体"，即普遍性、规律性的物则规则理则；形而下之"器"谓为"用"，即"道"的工具载体。在数智时代的今天，网络和科技早已成为文化"内道"新的重要工具载体。文化之于科技，一个是内化于心的"道"，承载的是我们的思想精神和价值观念；一个是外化于形的"器"，是先进生产力的集中体现和主要标志。换句话说，文化这个"内道"彰显的是一种精神上的软实力，科技这个"外器"体现的是一种物质上的硬实力。文化和科技融合，实际上是软硬结合、道器合一，是价值与工具的双向奔赴。

从文化对科技的作用来看，文化以其思想性、精神性、价值性、伦理性、艺术性为科技赋魂、赋智、赋美。

其一，文化为科技赋魂。作为价值理性的文化，代表着一个国家、一个民族的精神追求和价值立场，有好与坏、善与恶之分，对工具理性的科技具有重大影响。可以毫不避讳地讲，没有价值理性和人伦温度的科技，是冰冷的甚至邪恶的。比如原子能既可转化为电能解决人类能源危机，也可转化为核武器成为悬在人类头顶上的"达摩克利斯之剑"。理性的且有温度的文化，恰恰能够赋予科技崇高的精神追求和正确的价值立场，助力科技攻关,让科技做正确的事,使其成为造福人类的"利器",而不是危害人类的"凶器"。经过融变,科技不再是冷冰冰的工具,而是被文化温暖包围的社会进步力量。

其二,文化为科技赋智。文化一方面可以为科技创新提供智慧的思维方式,另一方面还可以为科技走向智能化提供知识知识。比如,14世纪到16世纪的欧洲文艺复兴,一举打破了禁锢人们的思想牢笼,使人们思想大解放、思维大创新,为之后工业革命奠定了坚实思想基础。可以说,没有创新的文化,就没有科技的创新。还比如,当下人工智能之所以能够学习、理解、生成人类的语言,就因为文化的丰富性为人工智能技术的发展提供了充足的算料,进而产生类人的机器智能。

其三,文化为科技赋美。一般而言,美是一种依赖于心灵创造作用的主观体验,与科学所追求的客观真实不尽相同。不过,文化一旦真正与科技深度融合,其底蕴之美、灵魂之美,就会赋予科技以极大的审美提升,使得科学展现出一种思维之美,技术展现出一种创造之美,进而形成品牌之美,让科学技术的世界焕发出动人的美感。比如,前不久新推出的小米SU7汽车,之所以广受追捧,并不是说它的科技比特斯拉先进,更多是因为它由内而外展现出一种强烈的设计之美、创造之美。还比如,科幻电影《阿凡达》把艺术构想与现代科技融合起来,借助电脑技术将音形色推到一个传统表现手法无法比拟的高度,为观众呈现出一个雄伟壮观的星球。

从科技对文化的作用来看，科技以其先进性、创新性、驱动性为文化赋形、赋能、赋力。

首先，科技为文化赋形。文化的核心，是一种无形的存在，必须通过有形的载体加以呈现。早期，人们把文字或镌刻在甲骨、陶器上，或镌刻在青铜器、竹木简上。大约2000年前，造纸术的发明，让文字得以呈现于一张张小小的"蔡侯纸"上，促进文化从无形到有形。随着数字化技术的飞速发展，AR/VR（增强现实/虚拟现实）、3D（三维打印）打印等先进技术相继涌现，形形色色的数字化产品应运而生，让文化有了更多的呈现载体，更加容易被人们看得见、摸得着、感受得到。

其次，科技为文化赋能。主要体现在三个方面：一是科技让文化得以更久传承。一部人类文明的发展史，在某种意义上就是一部科技文化的进步史。没有科技发展，文化不可能如此完整的传承下来。对此，马克思讲，造纸和印刷术很快转化成为"科学复兴的手段，变成对精神发展创造必要前提的最强大的杠杆"。二是科技让文化得以更广传播。不同的科技手段，为文化提供不同的传播介质，同时也决定了文化传播的广度。在互联网出现以前，靠书籍、陶器等进行文化传播的范围是有限的。如今，互联网的普及，尤其是人工智能的兴起，极大拓展了文化传播的空间。三是科技让文化得以更好传颂。真正的文化，是能够触及心灵、触动灵魂的。借助先进的科学技术，可以不断创新文化的展示、展播、展陈方式，让文化更好地入脑入心。比如，利用虚拟现实技术，打造数字博物馆、艺术馆等，让观众在沉浸式体验中身临其境地感受到文化的强大魅力。

最后，科技为文化赋力。党的十六届四中全会通过的《中共中央关于加强党的执政能力建设的决定》提出，要解放和发展文化生产力。马克思主义认为，社会生产力既包括物质生产力，也包括精神生产力。文化，从本质上来讲是一种软实力，一种精神上的生产力。这种精神上的软实力，如何变成物质上的硬实力？就要靠科技，通过文化和科技彼此融合、双向奔赴，培育形成新质生产力。每当科技取得新的重大突破并运用到文化领域，将会驱动文化的创新发展，催生新的文化业态，延伸文化产业链，从而更加深入地推动经济发展、社会进步、文明更新。

总而言之，文化和科技融合不是简单的"物理相加"，而是一场双向奔赴的"化学融合"。以上"六赋"，就是文化和科技融合最核心、最本质的东西，也是二者之所以能够融合的内在逻辑。

二

文化兴则国运兴，文化强则民族强。科技兴则民族兴，科技强则国家强。遥望过去，历次科技革命与文化擦出的火花绚烂多彩；立足当下，新一轮文化和科技融合正扑面而来，发展速度之快、辐射范围之广、影响程度之深前所未有。将文化和科技融合发展上升为国家战略，既是大势所趋、国家所需，也是人民所盼、安全所系。

第一，大势所趋。当今世界正经历百年未有之大变局。这个"大变局"，是文化名词，也是科技术语。纵观人类发展史，已经历三次工业革命，正开启第四次工业革命。如果说，18世纪第一次工业革命是机械化革命，19世纪第二次工业革命是电气化革命，20世纪第三次工业革命是信息化革命，那么21世纪第四次工业革命就是智能化革命。近年来，人工智能、区块链、云计算等先进科技迅猛发展，正在加速人类生产生活全方位、系统性革新，成为重组全球要素资源、重塑全球经济结构、重构全球竞争格局的关键力量。特别是人工智能与自然语言处理、超高清视频、新兴汽车电子等交叉集成，孕育出AIGC（生成式人工智能）、元宇宙、数字人等前沿技术，被美国投资界视为1980年的个人电脑、1995年的互联网，堪称百年未有之重大科技变革，正在引发一场新的"工业革命"般的史诗级革命。谁把握住了这一大趋势，谁就能抢占弯道超车的大机遇。相反，若错失这次机会，将重蹈日本20世纪与电脑、互联网两大机遇失之交臂而"迷失30年"的覆辙。

第二，国家所需。早在2019年，我国就出台了促进文化和科技融合的指导意见，之后还相继提出了数字化战略和元宇宙产业发展行动计划。但不可否认，在推进过程中，依然面临不少突出矛盾和问题。比如，中国产熊猫，却拍摄不出《功夫熊猫》；中国有京剧，但一万场海外巡演抵不过一部《美国队长》

的创收，博大精深的中华文化如何更好地传下去、走出去？比如，受制于关键核心技术、核心设备，我国音视频装备、元器件、工具软件等长期以来高度依赖进口，文化和科技领域被"卡脖子"的问题如何从根本上解决？还比如，当前我国文化产业发展受算力、算料、算法和算网发展瓶颈制约，产业业态、消费场景、交易市场与新技术背景、新消费需求、新发展模式不相适应，如何更好培育和发展文化领域新质生产力？等等。这些问题，迫切需要以文化和科技融合为抓手，从中寻找答案、寻求突破。

第三，人民所盼。进入新时代，人民群众对精神文化生活的需求更多、要求更高，期待有更高层次、更高品质、更加多元的精神文化生活。然而，受设施设备、业态产品、平台场景等所限，我国文化产品与服务仍存在供给总量不足、质量不高等问题，尤其是优质数字化文化产品和服务还比较稀缺，难以满足人民群众的需求，亟待运用数智化手段精准提供更具个性化、多元化、智能化的文化产品和服务。推动文化和科技融合，将赋予传统文化艺术新的创作内容、新的表现形式、新的体验感受，为满足人民群众高层次精神文化需求提供无限可能；将有效弥合城乡、地域、代际之间的"数字鸿沟"，通过数字赋能提升公共文化服务的到达率、及时性，让人民群众拥有更多的文化获得感、幸福感。此外，厚重的文化需要青春表达。文化和科技融合将为年轻人个性化文化消费开启"智慧之门"、铺就"升级之路"，让"90后""00后"等新时代群体享受到个性化、差异化、智能化的新型文化产品和服务。

第四，安全所系。文化安全关乎国家稳定、民族团结、精神传承，是国家总体安全的重要组成部分。习近平总书记强调，一个政权的瓦解往往是从思想领域开始的，思想防线被攻破，其他防线就很难守住。当前，在文化领域特别是互联网传播领域，美西方技术霸权大行其道，意识形态安全面临的风险不断加大。还应看到，一些头部互联网平台凭借其强大的算法支持、精准的用户定位、良好的用户体验、高效的营销方式，迅速在年轻人群体中火爆起来，已然具备了强大的媒体传播功能和社会舆论动员、操控能力。一旦失去正确引导，被资本操纵和利用，必然成为无法估量的巨大隐患，危及文化安全乃至国家总体安全。可以说，文化和科技的深度融合，已然成为不可不争的未来战略制高点，成为必须取胜的意识形态主战场。

三

新一轮文化和科技融合，是一个全新的时代命题，尚处于探索研究阶段。特别是文化和科技的融合样态有哪些，至今众说纷纭、缺乏共识。在我看来，集中体现为数字化、网络化、智能化，具体体现为"五个新"，即新设施、新技术、新装备、新场景、新业态。需要说明的是，这"五个新"不是割裂的，而是有内在逻辑的。其中，新设施属于基础底座层，是发展新技术、新装备、新场景、新业态的软件和硬件的基础支撑；新技术属于技术研发层,是推动文化和科技融合的动力源泉;新装备属于产品工具层,是推动文化和科技融合的工具载体;新场景属于行业应用层,是新设施、新技术、新装备、新业态的系统集成;新业态属于形态表现层,是文化和科技融合的终极呈现,是文化领域新质生产力的重要表现形态。

新设施,即智能化综合性数字信息基础设施,涉及数据的计算能力、传输能力和存储能力,主要包括文化大数据基础底座、国家文化专网、文化算力网络设施、文化创新平台等。比如,各个领域的垂类大模型,就是一个个"数字大脑";还比如,与5G、6G相配套的移动通信设施,就是一条条"数据大动脉"。高速泛在、天地一体、云网融合、智能敏捷、绿色低碳、安全可控的智能化综合性数字信息基础设施,是文化和科技融合发展不可或缺的硬件底座。

新技术,是文化和科技融合的重要驱动,具有速度快、精度高、功能强大等特点,主要包括大数据、云计算、区块链、人工智能、新一代互联网、人机交互等技术。由这些先进的数字技术结合形成的有机体,类似一个人体结构的智能体。其中,大数据技术犹如流淌的血液,为文化和科技融合提供数据养分和强大的数据处理能力;云计算技术犹如人的五脏六腑,具备储存和供养功能,能通过网络随时随地访问计算资源和服务;区块链技术与人类基因相似,可为文化作品提供独一无二的数字身份认证,帮助创作者证明作品的所有权和真实性;新一代互联网技术犹如人体中连接着各个脏器的血管经脉，在文化和科技融合中起着"传送带""高速路"的作用，负责传输血液等养分；人工智能技术犹如人的大脑系统，通过学习让机器具备认知功能和自主行为；人机交互技术犹如人的感知系统，能够实现机器和人的彼此交互；数字孪生技术犹如人的皮肤、五官等，具有呈现功能，可以打造"数字分身"，创造出令人身临其境的感觉。可以预见，文化和科技融合的步伐越快，各式各样的新技术将越快喷涌而出、加速迭代。

新装备，主要指文化和科技融合在用户终端方面塑造的新型装备。比如，具身智能装备、可穿戴智能设备、车载音视频装备、高端文旅装备、3D打印机等。长期以来，我国由于芯片被"卡脖子"，视听、摄像、设计、缆车等高端装备和精密电器高度依赖外国进口。在数智时代的今天，除前端基础设施外，用户终端装备的制造越来越成为衡量文化和科技融合成效的重要标尺。尤其对我国而言，推动文化和科技融合发展，迫切需要塑造一批该领域自主研发、国产可控的先进装备。

新场景，最具代表性的就是元宇宙场景，包括文旅、文博、教育、医疗、城市治理元宇宙等等。此外，还有智能座舱、数字舞台等场景。这些新场景，最大的特点就是利用虚拟技术构建互动空间，让我们在虚拟与现实之间获得沉浸式体验。习近平总书记指出，以信息技术、人工智能为代表的新兴科技快速发展，大大拓展了时间、空间和人们认知范围，人类正在进入一个"人机物"三元融合的万物智能互联时代。这个时代已然走来，相继催生了许多过去未曾有过的新空间新场景。可以想象，伴随文化和科技融合不断深入，人类将会创造出更多智能化场景和沉浸式空间，整体重塑我们的思维观念和知识体系。

新业态，即文化和科技融合催生的新产业、新模式。仅新产业而言，就有音视频、数字出版、动漫游戏、网络文学以及算据等产业迅速成势。比如，近年来，湖南依托独特的文化创意优势和先进制造业优势，先行探索文化和科技融合发展，大力培育以音视频、动漫游戏、数智出版等为特色的产业生态，在文化创意智能设计、数字舞台、5G 高清视频等领域突破了一批关键核心技术，不断形成新兴产业集群。此外，文化和科技融合，极大地促进了文化领域模式变革，形成新的文化创作模式、文化组织模式、文化消费模式、文化传播模式。比如，希音公司的生产组织模式，全新打造了服装行业的产业互联网；小芒电商瞄准 Z 世代消费群体，构建的"内容 + 视频 + 电商"商业闭环，成为"潮流消费热点"。

四

近些年，文化和科技融合势头正劲，如雨后春笋般在世界各国蓬勃发展。以人工智能、元宇宙为例，全球人工智能产业规模由 2019 年 375 亿美元猛增至 2022 年 4328 亿美元，扩大了 10 余倍；元宇宙产业规模由 2021 年 1591 亿美元增长至 2023 年 4788 亿美元，年均增长 70% 以上。由此孕育的 AIGC、数字人等前沿技术，正在成为引领全球科技创新的主流方向。面对这一百年未有之机遇，世界各国和跨国公司纷纷展开布局、抢占先机。那么，文化和科技究竟怎么融合？如何答好这一全新的时代命题？本书从价值引领、技术突破、发展产业、繁荣事业、改革创新、安全发展六个方面，尝试作出回答。

价值引领是首位。文化和科技融合，核心在于文化内涵而非技术形式，必须警惕文化 AI（人工智能）化、推进 AI 文化化。任何失去"文化魂"、背离人性的高科技，好比一把悬在人类头上的"达摩克利斯之剑"。走好文化和科技深度融合之路，必须把党的领导贯穿到各方面、全过程，充分发挥党总揽全局、协调各方的领导核心作用，坚持以习近平新时代中国特色社会主义思想为指导，完整、准确、深入贯彻习近平文化思想，坚守中国共产党的文化领导权和中华民族的文化主体性，以文化为科技赋魂、赋智、赋美，助推科技进步和价值实现，确保文化和科技融合发展朝着正确方向前进。

技术突破是关键。科技作为第一生产力，始终是推动文化创新发展的重要驱动力。从图书、报刊，到广播、电视，再到网络视听、数字文旅，技术的每一次重大突破，无不带来文化传播方式和业态的巨大跃升。在新的起点上，走好文化和科技深度融合之路，必须坚定不移实施创新驱动发展战略，聚焦制约文化和科技融合的重大科技瓶颈问题，以建设文化领域国家战略科技力量为引领，以提升原始创新能力和突破文化科技关键技术为主攻方向，加强颠覆性技术和前沿技术研究，全面提升科技对文化发展的支撑作用。

产业发展是载体。文化本质上是一种生产力，文化和科技融合加速了原创性、颠覆性科技创新，催生了许多发展新质生产力的新产业、新应用、新模式。文化这种精神生产力一旦成业，将会对物质生产力产生强大驱动作用。习近平总书记指出："要顺应数字产业化和产业数字化发展趋势，加快发展新型文化业态，改造提升传统文化业态，提高质量效益和核心竞争力。"在新的起点上，走好文化和科技深度融合之路，必须加快适应信息技术迅猛发展的新形势，注重"新"的培育，做好"旧"的改造，推动改革和发展高效联动，抢占产业制高点，进一步塑造发展新动能新优势。

繁荣事业是目的。文化的特殊属性，必然要求文化和科技融合不能只顾经济效益、忽视社会效益，融合的一个很重要的目的就是要运用新技术更好满足人民日益增长的精神文化需求。在新的起点上，走好文化和科技深度融合之路，必须加快促进文化事业和前沿科技深度融合，运用数字化技术提升公共文化服务水平，赋能文化遗产采集存储、数字展陈和价值转化，推动主力军挺进主战场，促进数字文化扬帆出海。

改革创新是动力。新一轮文化和科技融合发展速度、覆盖广度、复杂程度史无前例、无章可循，唯有改革创新，方能闯出新路。不久前闭幕的党的二十届三中全会明确提出，要探索文化和科技融合的有效机制，加快发展新型文化业态。在新的起点上，走好文化和科技深度融合之路，必须坚持守正创新，加强顶层设计、总体谋划，破立并举、先立后破，运用知识产权成果转化、产业组织兼并重组、金融政策加强支持等创新性举措，克服文化产业与科技创新之间存在的转化成本高、技术吸收能力弱、产业技术标准体系不健全等障碍，打通两者进行双向知识、技术转移的通道，加速实现文化与科技的耦合。

安全发展是底线。意识形态属性是文化产业的基本属性。文化和科技融合发展，决不能以牺牲文化安全乃至国家总体安全为代价。在新的起点上，走好文化和科技深度融合之路，必须坚持马克思主义在意识形态领域的指导地位，强化文化和科技融合的意识形态风险防范意识，确保文化和科技融合发展的正确价值导向，推动扭转当前国有文化企业市场竞争力不强、党管国有平台主流话语权趋弱、遭受美西方技术霸权威胁等被动局面，从根本上筑牢文化安全的"防火墙"。

五

习近平总书记在2020年和2024年两次考察湖南时，都讲到文化和科技融合，要求湖南答好文化和科技融合这一时代命题。

湖南文源深、文脉广、文气足。悠久的历史文化、厚重的革命文化、活跃的现代文化，是湖南增强文化软实力的丰富资源和深厚基础。对比来看，湖南拥有雄厚的科研基础、先发的融合探索、高水平的国有平台和"年轻人友好"的城市禀性，特别是素来就有强烈的改革基因，自20世纪90年代开始，湖南"电视湘军""出版湘军""动漫湘军""演艺湘军"异军突起，"湖南文化现象"备受全国瞩目。与此同时，以改革的方式在湖南探索文化和科技融合发展，具有典型价值高、机会成本低等特点。

当前，全国正深入贯彻落实党的二十届三中全会精神。对湖南而言，推动文化和科技深度融合发展，习近平总书记有嘱托，国家发展有需要，人民群众有期盼，湖南自身有条件，完全有条件、有能力在全国先行先试、蹚出新路。

第 1 章

什么是融合："软实力"与"硬支撑"的双向奔赴

文化兴则国运兴，文化强则民族强。文化是一个国家、一个民族的灵魂，是软实力。科技兴则民族兴，科技强则国家强。科技是第一生产力，是推动社会进步的重要力量。文化和科技都是人类文明的重要组成部分。文化和科技虽有中西之别、古今之分，但二者相互作用、相互影响，融合互促、共同发展。文化为科技赋魂、赋智、赋美，科技为文化赋形、赋能、赋力。

● 二、文化和科技融合的内在机理

1. 文化能为科技带来什么
  - 一是文化为科技赋魂
  - 二是文化为科技赋智
  - 三是文化为科技赋美

2. 科技能为文化带来什么
  - 一是科技为文化赋形
  - 二是科技为文化赋能
  - 三是科技为文化赋力

● 二、文化和科技融合的历史溯源

基于工具和器物层面的简单糅合

从"铅与火"到"光与电"的巨大变迁

信息化与智能化时代的深度融合

什么是融合："软实力"与"硬支撑"的双向奔赴

● 三、文化和科技融合的理论逻辑

1. 科技和文化基于知识的关联性

2. 价值理性和工具理性的互补性

3. 科技与人文学科边界的模糊性
  - 一是科技与人文学科研究对象进一步叠合
  - 二是科技与人文学科研究内容进一步交融
  - 三是科技与人文学科研究方法进一步互通

● 四、文化和科技融合的实践考察

1. 科技驱动下的"业态升级"

2. 跨界聚合下的"产品新创"

3. 技术植入下的"内容活化"
  - 科技让文化产品设计、生产、销售变得更加简单
  - 文化让科技产品更具吸引力、情感共鸣和附加值

4. 互促共生下的"生态重构"
  - 文化与科技相互依存
  - 文化与科技共同演化
  - 文化与科技整体优化

一、文化和科技融合的内在机理

文化是一个复杂且多层次的概念，广义的文化涵盖了人类在社会历史发展过程中所创造的物质和精神财富的总和，主要包括物质、精神和制度三个层次。科技是指通过科学方法和实践，对自然界的现象进行观察、实验和理论分析，进而发明、创造、改进各种工具、设备和系统，以解决实际问题、提高生产力、改善人类生活质量的知识体系与应用活动。文化和科技相伴相生。美国社会学家塔尔科特·帕森斯认为，"科技只有在特定的文化环境中，才会兴旺发达，反之则反。同时文化的发展也受到科技的制约，它们只有相互支持，才能更好发展"。文化和科技融合，是一场双向奔赴的诗意变革。

1. 文化能为科技带来什么

2023年大年初一，电影《流浪地球2》上映后热度和口碑持续走高。影片中"腾挪漂移"的视觉特效，无人驾驶、人工智能、量子计算、数字生命等硬核科技让人目不暇接。《流浪地球2》以电影这一文化表现形式让一系列前沿科技在人类共同价值观的映衬下，不再只是一个个虚幻、遥远和冰冷的概念，而是形象、有趣、有温度地呈现在人们面前。文化让科技走进生活，文化让科技更好地造福人类。

当今世界百年未有之大变局加速演进，文化越来越成为民族凝聚力和创造力的重要源泉，越来越成为综合国力竞争的重要因素。文化作为软实力，对一个国家经济、军事、科技等硬实力的影响程度越来越深。对于科技而言，文化为科技发展提供了丰富的内容资源、海量需求和应用场景，文化为科技赋魂、赋智、赋美，可以促进科技的创新发展和广泛应用。

一是文化为科技赋魂。 文化为"道"，因其思想观念体系的存在，更多地体现为价值理性；科技为"器"，作为人类改造社会和自然的手段，更多地体现为工具理性。在现实社会中，工具理性往往强调效率和实用性，而价值理性则关注行为本身所能实现的价值，如社会的公平、正义等。工具理性和价值理性反映了人类社会实践过程中手段和目的之间的辩证关系。价值理性的实现离不工具理性的现实支撑，而工具理性的有效运行需要价值理性提供精神动力，如对事物本质的认知、坚定的信念和顽强的意志等。这就是文化能够为科技赋魂的底层逻辑所在。

文化为科技发展提供精神的力量。文化，承载着历史的记忆、民族的思想精华和社会的价值观，不仅是科技发展的思想土壤，更是科技创新的力量之源。文化激励着科技工作者不断探索未知、勇于挑战传统，以创新的思维和方法去解决问题。坚定的理想信念、为国家和民族奉献一切的精神往往让科技工作者创造出几乎不可能的奇迹。如，20世纪50年代末至70年代初，一批科技工作者告别亲人和故乡，在条件极为艰苦的西北试验基地，顶酷暑、战狂风、住帐篷、喝苦水，夜以继日，顽强拼搏，硬是利用手摇计算机、算盘等简陋的计算工具，完成了我国第一颗原子弹的理论设计方案，仅用了10年左右的时间就创造了原子弹爆炸、导弹飞行和人造卫星上天的奇迹，取得了"两弹一星"事业的辉煌成就。"两弹一星"元勋们筚路蓝缕、矢志不渝，解决了那一代人面临的最大"卡脖子"问题。当前，破解西方国家对我国科技"卡脖子"问题，更需要广大科技工作者发扬"两弹一星"精神，卧薪尝胆、砥砺奋进，加快实现高水平科技自立自强，集聚力量进行原创性引领性科技攻关，坚决打赢关键核心技术攻坚战。

文化为科技发展提供价值引导。科技改变生活，科技改造世界，但科技也是一把双刃剑，科技的工具理性若被强调到极致，可能导致"科技万能论""技术崇拜"的盛行；而过度追求技术和物质可能导致生态危机、经济危机、信仰危机等。如，美国科普作家蕾切尔·卡逊在其著作《寂静的春天》中，以生动而严肃的文笔，描写因过度使用化学药品和肥料而导致环境污染、生态破坏，最终给人类带来难以承受的灾难，指出人类用自己制造的毒药来提高农业产量，无异于饮鸩止渴，人类应该走"另外的路"。这个事例启示我们：科技产品的使用若失去正确价值观的引导，而一味强调其功能性作用的发挥，给人类带来的可能不是福祉，反而是灾难。文化是引导科技向善的钥匙，强调人的价值、情感和体验，促使科技在追求效率的同时，更加关注人的需求和感受，为科技发展注入人文关怀和社会责任。在科技快速发展的今天，科技伦理问题日益凸显。如原子能技术，是用来进行核发电以解决世界能源危机，还是用来制造核武器，使人类时刻面临核毁灭的潜在风险？当前在人工智能、大数据等前沿科技领域，更应注重科技伦理和社会责任。科技的发展，不仅要追求技术的突破和功能的完善，更要关注科技对人类社会的影响，需要文化为科技提供正确的方向指引，让科技做正确的事、正确地做事，确保科技的发展能够造福人类，推动社会的和谐与进步。

二是文化为科技赋智。 文化作为一个民族的精神财富，不仅仅是一种传统或者价值观，还蕴含着科学的思维方式、深刻的智慧和丰富的知识体系，可以为科技创新提供世界观和方法论意义上的指导、源源不断的灵感和创意、知识与数据的支撑，从而提高科技的可用性、适应性、易用性，使科技更好地理解人类需求，让科技更有智慧。

科技创新需要文化提供思维方式。思维方式是人类文化和智慧的重要组成部分，是看待事物的角度、方式和方法，它对人们的言行起决定性作用。思维方式在最高层次上具有世界观和方法论意义，对人类科技活动的开展具有普遍性的指导价值。现代思维方式中的系统思维、辩证思维、批判性思维等对科技创新具有重大的启迪作用。如，系统思维能把表面上风马牛不相及的事物联系在一起，让科学技术在新的领域实现新的发展。一方面，运用系统思维能从科技体系结构的历史与现状中看到现代科技知识版图中的空白地带，启发和推动各种新兴学科的发展。另一方面，运用系统思维还能够从物质世界的统一性出发，敏锐地发现科技体系结构中存在的内在矛盾，推动不同学科领域科技知识的整合。牛顿发现星际物体的动力学与地面物体的动力学存在矛盾，创立了统一的经典力学；爱因斯坦发现经典力学与经典电动力学之间存在矛盾，创建了全新的狭义相对论；普里戈金发现经典的热力学与生物学之间存在矛盾，建构了包括两个不同领域的耗散结构理论。另外，批判性思维鼓励对既有知识、观念和技术进行质疑和反思，使人们不再迷信经验、迷信"本本"、迷信权威，发现现有科技的不足和潜在改进空间，从而激发创新的灵感。如，哥白尼对传统地心说中"地球位于宇宙中心静止不动"这一核心观点提出强烈疑问，创立了日心说。这一理论颠覆了当时盛行的地心说观念，为现代天文学的发展奠定了基础。

前沿科技发展需要人类知识赋智。知识是文化的理性呈现。在未来的科技发展中，需要更多地将多元文化知识融入科技创新中，以推动科技更有智慧地为人类社会服务。特别是当前的人工智能技术，是一门研究如何使计算机具有人类感知、理解、学习、推理、决策和解决问题能力的技术，通俗地讲，就是如何将人类的智慧、知识和经验赋予机器，让机器变得能够像人一样思考和行动，这是当代最典型的文化为科技赋智的应用。此外，作为支撑人工智能三大引擎之一的算料，本质上是有价值的文化数据，就是知识，是人工智能系统学习和改进的基础。通过收集、处理和分析海量算料，AI系统能够不断优化模型参数、提升预测准确率，从而实现智能化决策和应用。因此，人工智能的"智"来自文化，文化的丰富性为人工智能技术的发展提供了充足的算料，而算料的质量和数量直接决定了AI系统的性能和效果。

三是文化为科技赋美。华语科幻圈正兴起一个新的科幻文类概念——"丝绸朋克"（silk-punk），意味着在全世界通行的硬科幻叙事中，置入种种东方式的古典审美、神话结构和文化内蕴：工厂内整齐的机械臂于是叠印上了兵马俑的影子和秦二世的帝国想象；游荡于宇宙间的机械狐狸，链接上了《周易》"精气为物，游魂为变"的自然秩序；人与机器共生的未来世界则成为庄子"天地与我并生，而万物与我为一"的遥远回响……与"丝绸朋克"兴起类似的，在华语艺术圈里也流行着"赛博山水"

（Cyber-Shanshui）的概念，它意味着用 AI 创造出古典山水画式的笔触、意境，以复活中式的典雅美学。无论是"丝绸朋克"还是"赛博山水"，丰饶、美妙、深邃的东方文化，都点亮了冷冰冰的器物，让技术的世界焕发出动人的美感。

什么是美和美感？美其实不是一种客观的知识，它是人类心灵在接触外部世界的过程中产生出的主观体验。美的产生深深依赖于心灵的创造作用。宗白华先生说："一切美的光是来自心灵的源泉，没有心灵的映射，是无所谓美的。"而文化作为由人类史上无数心灵创造出的感受、价值、体验、意义的精神集成，能够照亮科技创造出来的器物和工具，将物理空间转化为意义和审美场域，让科技世界拥有了灵性的境界与气象。

而从现实的经济社会发展来看，科技的发展也需要文化为其增加美学价值。有学者认为人类经济发展经历了农业经济形态、工业经济形态和大审美经济形态三大经济形态。目前的大审美经济超越了以产品的实用功能和一般服务为重心的传统经济，是将实用和审美、产品和体验结合起来的新型现代经济。文化积极主动地向科技领域靠拢，促进科技的发展更加人文化、人性化和艺术化。

丰富博大的文化，为人类创造美的体验提供了丰饶的土壤，从美本身的不同范畴来看，"文化为科技赋美"表现为三个不同的层次，即文化为科技提供审美感知，不断生成新的审美活动，并在科技主导的世界中孕育美的人生境界与社会风尚。

文化为科技提供审美感知。物料、数据、技术等构造出来的没有任何意义与感知的物理空间，经由文化的点染，才能变为完整的、充满着意蕴与情趣的活泼泼的生活世界。文化总是与生命之"生"有关，它为技术世界带来鲜活的生命感知，以及文明内部不断向下传递的感觉基因。试想一下，由美国 Meta Platforms 公司制作出来的元宇宙，和华为公司、芒果超媒的制作会有相同的美学质感吗？文化总会带上各自社群的审美印记，西方世界的元宇宙，会带有宗教色彩的优美感、崇高感，现代化之后人的荒诞感，以及先进自然科学技术的未来感、赛博感。中国文化包容诞生于西方的现代生活感知，但悠久文明历史里的飘逸、空灵、静穆等等，携带更深广的文化审美，为诞生于中国的元宇宙打上鲜活的国风。也正是人类千姿百态的文化，才会创造出内蕴多样、气象万千的元宇宙空间。

文化在科技中不断生成新的审美活动。美不仅是名词，更是作为审美体验、审美活动的动词。由科技主导形成的各种物质空间，流经丰富的人类文化遗产，借助于一颗颗富有创造性的心灵，不断更新着过去的文化，在旧有的文化土壤和前沿科技的碰撞中创造出新的价值、意义、感受，生成新的感性与智慧世界。借助于心灵，文化为科技带来的是源源不断的审美创生力。2024 年风靡全球的中国原创 3A 游戏《黑神话：悟空》，来自国人耳熟能详的西游记故事，它的火热不仅因为在今天的技术环境下对老故事进行了新讲述，还在于它的讲述触动着这个时代年轻人的情感和心绪，孙悟空内心的挣扎与救赎，叠影着当代青年在纷繁复杂的现实中迷茫、无奈与挣扎，以及对自由和自我价值的汲汲追求。对西游叙事和西游精神的再体验、再阐释，闪动着现代心灵新的光辉。

在科技主导的现代世界中，文化孕育美的人生境界与社会风尚。美最终指向了伦理意义上美好的风习、气质。陷入"单向度"发展危机的个人，工具化的、技术的、物质的人类社会，经由优秀文化遗产充分的精神与情感的滋养、熏陶，能够纠偏过度工具化造成的失衡，恢复人性之自然状态，让个人重获审美的愉悦与自由的生命境界，并在社会中形成向善向美的风尚。湖南风芒传媒在 2023 年创作的电视理论片《当马克思遇见孔夫子》，就是利用 XR（扩展现实）、AR 技术，让当代人与先贤对话的一次尝试。在未来，通过数字孪生、全息显像技术，孔子、苏格拉底、李白等人类历史上伟大的灵魂，甚至是虚构文学中的林黛玉、孙悟空、堂·吉诃德等角色，都能够在数字世界中以影像的方式复活，并与现实生活之中的人们发生真实的交互。"沉浸式"地接触人类那些最伟大的灵魂，将锻造出最极致的美育，让人去追求更有情趣和价值的人生，从而形成求真、向好的整体社会文化风气。

2. 科技能为文化带来什么

2024 年 8 月 20 日，国产 3A 单机游戏《黑神话：悟空》

正式上线并迅速引爆舆论。3天时间，游戏销量已突破1000万份。机构预测，《悟空》最终销量将达2000万份，以此计算最终销售额将突破60亿元。这个被称为"国货之光"的爆款文化产品之所以风行世界，很大原因在于高科技的加持。仅以过场动画中毛笔书写的特效镜头为例，"毛笔在书写时与纸面的交互，对模型骨骼绑定要求极高，再加上墨水由深到浅的轨迹跟随，这是'能发论文的技术'"。事实上，其内蕴的"黑科技"远不止这些，还有诸如"虚幻引擎5""三维游戏模型制作""实景三维重建和空间计算技术""动作捕捉技术""绿幕融合技术"……正是这些强大的技术支撑，为宝贵的中华传统文化注入了生生不息、影响世界的生命力。

历史发展规律表明，科技的每一次重大变革都会带来社会生产和生活方式的根本性转变。当前，人工智能、垂类大模型、虚拟现实、物联网等科技新样态的兴起与应用，正在成为重组文化要素资源、重塑文化产业结构、重构文化影响力的关键力量。科技不仅提升文化的创造力、表现力和传播力，还深刻影响文化消费方式、文化发展业态，甚至文化软实力竞争的国际格局。数智时代科技牵手文化，正在擦出现代文明新火花。科技以其先进性、创新性、驱动性为文化赋形、赋能、赋力。

一是科技为文化赋形。文化的核心是思想精神和价值观念，这是一种非物质性的存在，看不见、摸不着，通过科技手段，能有力克服文化难以具象表达的"先天性缺陷"，将文化中的精神、理念、价值观、风俗等进行呈现，让人们可视、可感、可触、可听、可闻，极大提升文化的表现力、感染力、生命力，进而广泛激发与调动全社会的文化生产力和创造力。

历史上，文化领域的发展进步与科技进步息息相关。比如，造纸术和印刷术的发明，为中华文化的传承提供了基础的物质载体与传播媒介，还催生了现代图书出版业。又比如，电气技术的出现使得记录影像和声音成为可能，进而带动了广播、电影、电视等的发展。在新一轮科技革命加快孕育的今天，三维激光扫描技术、数字技术、数字修复、全息投影、AI人工智能、AR增强现实、沉浸式AI互动体验等现代声光电先进技术普及应用，对文化赋形作用日益显著，为文化繁荣发展提供了新的载体和机遇，极大地激发文化创新创造活力。

数字技术的深度运用，能够把传统文化内容转化成数字形式的文化产品。借助虚拟现实、增强现实技术，人们可以沉浸式观赏历史场景、艺术作品、文化遗产，文化体验的交互性和自主性都获得了前所未有的提升。比如，中国国家版本馆杭州分馆的"数字版本+沉浸多媒体空间"，通过虚拟现实、三维建模、先进音视频技术，形象展现中华文化的魅力，使元代龙泉窑青瓷舟形砚滴，化身一叶扁舟悠游于蓝天碧波间；明代《永乐大典》中一个个古朴的文字，随着光影穿梭眼前，让游客在沉浸式观看中感知历史脉搏、涵养文化自信，彰显了文化与科技融合的巨大潜力。又比如，三星堆博物馆3号坑出土的顶尊跪坐人像与8号坑出土的青铜神兽，因找不到二者的内在关联，难以形成有效的文化表达，后来通过运用三维激光扫描技术，发现了二者的内在关系，历经3000多年，2件跨坑文物再度组合为大型青铜艺术品后，隐藏在文物背后的文化密码与文化信息得以成功发掘与彰显。

虚拟现实技术能够提升文化的表现力，大数据推动实现文化内容的图谱化和可视化，物联网使文化场景更具感知力，智能终端、体感装置、高清显示屏等数字文化装备不断衍生，对文化发展也具有巨大的带动作用，可以使人们的文化体验更形象、更直接、更立体、更丰富、更可接受，并实现近距离、即时化。比如，杭州萧山智慧城市馆利用全息投影、AI、AR等技术，让科学知识变得可见可感。通过这些技术，人们可以在"飞行"中尽览萧山美景，体验老城风光，与北极熊"亲密接触"，简单动动身体或双眼就能畅游虚拟世界学习各种知识。通过数字扫描、影音设备等数字化手段，还可以将古籍文献等转化为数字信息，以图片、录像、动画模拟等方式进行数字化保存和展示。

二是科技为文化赋能。 科技是第一生产力，是一个巨大的"能量场"和"赋能体"。科技注入到文化领域后，能够让历史文化获得时代性表达，使文化资源获得创造性转化，促进文化产业形态、内容和传播方式变革，极大提高文化传播的效率，拓展其广度和深度。

科技赋能新锐的表现形式让文化得以更久传承。马克思一针见血地指出，造纸和印刷术一出现，很快就转化成为"科学复兴的手段，变成对精神发展创造必要前提的最强大的杠杆"。没有科技作为支撑，文化就不可能很好地得以传承。随着人工智能、云计算、大数据、物联网等诸多前沿科技不断发展，数字艺术、数字音乐、线上演播、数字影视、数字动漫、网络游戏、数字出版、网络文学等产业形态持续涌现，改变了"口口相授、口书相授、物人相授"这样的陈旧文化传播传承方式，极大地降低了文化保存保护风险。如"中国历代绘画大系"国家重大文化工程，对12405件（套）中国绘画藏品进行汇集整理，并利用高精度图像采集和数字化技术建立起海量的图像数字资源库，让文化传播路径更加立体、多元。以故宫为例，现在故宫的文物展品仅占其总数的2%，大量珍贵文物藏品缺乏展出机会。24万件精美瓷器也只能封存，有人计算，如果以目前的速度，这些瓷器要900多年才能展完。但通过VR等新技术的应用，人们只要打开故宫网站页面，就可随时随地欣赏到数十亿级像素超高清影像下的珍贵绘画藏品、360°感触三维数据支持下的文物、如身临其境般体验"全景故宫"。还比如，通过建设高科技含量的"发掘舱"和"实验舱"系统，文物出土后，即可得到及时的全方位保护，支持考古专家直接在现场进行应急保护工作，减少文物损伤，延长文物寿命。湖南永州浯溪摩崖石刻由于自然原因表面出现不同程度风化，一些临江、地势低洼处的石碑，在江水的冲刷下，字迹已很难辨别清楚，通过"数字焕活"技术，令石碑石刻上肉眼已无法识别的痕迹信息重现于世，在雕刻类文物的数据修复技术下，字迹可以达到唐代、宋代时期的刻痕深度，痕迹辨识度能达到0.01mm的高精度数字成像。

科技赋能多样的打开方式让文化得以更广传播。不同的科技手段，为文化提供不同的传播介质，同时也极大拓展了文化传播的疆域。如今，在科技的驱动下，运用大数据、人工智能、虚拟现实等数字技术赋能文化发展，可以打破时空界限，让文化场馆"动起来"、非遗"热起来"、文物"活起来"。比如，数字文博使博物馆采用多媒体互动叠加图文、音视频等形式，可以360度全景展示展览现场，生动再现展览全貌，人们在世界的任何角落都能够通过全景浏览的方式看到各个地方的建筑，也可以足不出户欣赏自己心仪的文化景色。比如，运用CG技术制作的纪录片《中国》，成功让中华文化"动起来"；基于3D建模技术制作的纪录片《马王堆·岁月不朽》让历史文物"火起来"；结合高精度数字孪生技术重现的北宋"开福十六景"禅意雅韵，让历史文脉"活起来"。科技让文化盛宴不再受限于地理位置、空间条件而随时随地展现在人们的面前。此外，通过汇集虚拟现实、增强现实、全息投影、人工智能等技术，在数字浪潮中构建交流、互鉴、包容的数字世界，实现不同文明主体间文化资源的共建共享、互联互通，推动数字文明更好造福各国人民。比如，通过运用数字视觉创意，《千里江山图》

《清明上河图》《冰嬉图》等创意作品走红世界,"三山五园"光影艺术展成功实现海外巡展,收获了大量海外"文化粉"。

科技赋能沉浸式的表达样式让文化得以更好传颂。先进的科学技术能够以入脑入心入魂的展示、展播、展陈,使文化直抵心灵、化育万物。当前,数智技术正以前所未有的力量重塑着文化传导空间,不断解锁着多元主体共振、人机互动共生、虚拟与现实共融等文化传播新场景。数字出版、数字演播、数字演艺、数字印刷等新型传播方式日新月异,沉浸式展览和演艺在各地蓬勃发展,人工智能创作方兴未艾,虚拟歌手、虚拟导游改变着人们的欣赏习惯和旅游方式。比如,贵阳长征数字科技艺术馆的"红飘带"项目和《伟大转折》剧目,运用全息影像、虚拟现实和三维声音技术等,重塑长征历史故事,让观众在视觉和听觉上获得强烈的沉浸感,体验长征的艰苦卓绝和精神内涵。通过制作仿真人形机器人"李白"与"杜甫",让他们在模拟场景中以语言和表情进行诗词交流,使观众仿佛穿越时空与古代诗人进行了一场跨越千年的对话,深刻感受中华文化的博大精深。洛阳数字行浸演艺《寻迹洛神赋》,以"洛阳神韵"为精神符号,通过VR、裸眼3D、艺术空间造景、水景特效、多维感官设计等技术,提供"不只观看,而是参与"的全感沉浸式交互体验。还有机器人临摹《万岁通天帖》的表演不仅展示了科技创新,也体现了传统文化的延续。这种跨越时空的合作让观众对艺术有了全新的认识。科技通过这些数字化呈现与复原、沉浸式体验、传播方式融合创新等多个方面，让文化更加生动、鲜活地呈现在公众面前，使文化真正入脑入心。

三是科技为文化赋力。马克思主义认为，社会生产力既包括物质生产力，也包括精神生产力。毛泽东同志曾以"物质可以变成精神，精神可以变成物质"的精辟论述来概括主观与客观的辩证关系。文化本质是一种精神上的生产力。这种精神的生产力要变成影响和推动社会的因素，最终变成物质生产力，必须科技的加持和赋力。每当科技运用到文化领域，就会驱动文化的创新发展，催生新的文化业态，从而持续强劲地推动经济发展、社会进步、文明焕新。"自工业革命以来，历次生产力飞跃都经历了颠覆性技术创新、先导产业成长、核心要素成本下降、配套基础设施升级、产业组织方式变革等5个方面。"科学技术的进步使得文化供给侧和消费端发生深刻变革，一大批文化新业态、新产业、新场景、新消费应运而生，形成新质生产力。新质生产力既是科技驱动的生产力，也是文化驱动的生产力，某种意义上而言是科技与文化"双轮驱动"下的生产力。文化观念创新是培育新质生产力的土壤，文化需求是培育新质生产力的重要动力，文化与科技融合形成的新业态、新产品、新场景是新质生产力的重要组成部分。

科技为文化新质生产力的形成提供了新赛道、新空间。"科技赋力、文化出圈"，科技能够极大地创新文化产品服务介质与形态。比如，网络文学、短视频等，都是以数字技术和互联网为依托形成的文化新业态。在数字技术的推动下，数字影像、数字娱乐、数字设计、动漫游戏、网络文学、网络音乐、数字藏品、数字虚拟人、数字文创、数字演艺、云演出、云展览等新型文化产品和服务层出不穷，互动短视频、互动小说等文化产品受到欢迎。数智化柔性生产与创意性文化创作有效结合，促进文化业态向其他行业领域跨界融合渗透，进而引领文化产品供需迈向更高水平的动态平衡，构建起内容多样、覆盖广阔、载体鲜活的现代化文化产业链。国家统计局数据显示，2019—2023年，可穿戴智能文化设备制造、娱乐用智能无人飞行器制造、多媒体游戏动漫和数字出版软件开发等科技含量较高的文化业态增长强劲。文化与科技融合，在催生出新的文化业态、延伸文化产业链的同时，又集聚起大量创新人才和先进技术，培育新的文化产业增长点，有效提升文化产品和服务的质效。

科技提升了文化新质生产力的产业链价值。"云上展馆""数字景区"打破了参观游览的时空限制，拓展了受众覆盖面，实现了传统文化业态的迭代升级。大数据、人工智能大幅缩短文化产品制作分发周期。通过影视技术深入挖掘文化遗产的内涵和特色，可以引起人们的共情和共鸣，并以其广泛覆盖的影响力传递给更多观众。通过数字技术，文化产业可以实现从内容创作、生产制作到传播推广的全程数字化管理，从而提高产业链的协同效率和创新能力。用人工智能和大数据等技术，开发出游戏、动画、互动展览等产品，可增加文化遗产的趣味性和吸引力，吸引更多年轻人的关注。VR、AR、AI等新兴技术的融合运用，更是能进一步创造出空间与情境、人物与环境、现实与虚拟、公域与私域、主观与客观之间的多元互动关系，充分满足公众的体验式文化感知需求。沉浸式主题公园、沉浸式展览、沉浸式旅游、沉浸式演艺、沉浸式酒店等业态，甚至可以弥补无法亲临现场的遗憾，获得许多即使在现场也难以获得的文化要素观感体验。如"首钢一高炉·SoReal科幻乐园"，将首钢园区旧工业遗址与数字孪生、大空间定位、MR（混合现实）等创新科技深度融合，开发科幻主题乐园、文化展览、演艺秀场、体验式商业等业态，重塑工业遗产建筑空间，成为集历史工业设计与人文艺术于一体的科普研学网红打卡地。

科技助力文化新质生产力的生产资料与生产工具迭代。"古DNA分析重构了人群起源迁徙历史，打开了一扇通往未知世界的大门。深海技术装备的突破，使我国水下考古由水深50米水域下探至2000米深海。"与文化有关的科技不仅仅指当前大热的信息技术、数字技术，还包括文物科技、装备研发制造技术、文化类工程技术、文化产品制造技术以及相关的基础科学研究等等，这些方面的科技研发与应用，对探索文化的内核与规律，更有效地保护和传承文化遗产，提升文化产品质量、服务体验、消费环境，具有重大基础性作用。比如，通过数字化、可视化建模等技术手段对文化资源进行数据化提取和原创性重构，可使文化资源以细粒度的文化要素形态流通，实现文化资源数字化保存和文化要素鲜活展示。通过大数据分析消费者的需求和偏好，能更快地了解潜在市场和受众，从而调整生产策略，为消费者提供更加精准的产品服务。数字化智能化的展柜展室系统，能让文物保存于最适宜的环境中，最大限度减缓文物老化过程，在展示利用的同时实现长久有效保护。升级技术装备、专用设备、终端设施制造技术，能全面提高文化产品的品质。丰富人工智能技术在文本、音频、图像、视频生成及跨模态生成等方面的应用，能大幅降低成本、提升效率。过去拍摄一部科幻大片往往需要数年时间，最新的人工智能技术应用于这个领域后，特效画面的制作时间有望缩短到几天。

二、文化和科技融合的历史溯源

人类社会发展史，既是文化发展史，也是科技进步史，更是文化和科技融合发展史。纵观世界历史，世界科学中心的每一次大转移无一不孕育于文化思潮的大变迁，人类社会的每一次大进步无一不源于文化和科技的大融合。文化和科技融合不仅是推动社会进步和文明发展的重要动力，也是历史发展的必然趋势。在人类社会发展的历史长河中，文化和科技经历了从简单糅合到深度融合的演变。

1. 基于工具和器物层面的简单糅合

文化与科技作为人类社会最核心的要素，与人类社会的进化相似，经历了由简单到复杂的过程。追溯文化与科技融合的起点，应从文化与科技的起源中去寻找。"从世界文化和科技发展的历史进程来看，文化与科技的融合并非一次崭新的历史性出场，而是具有历史的必然脉络和发展轨迹。"其中，原始艺术作为原始人类精神层面的主要表现形式，大致可以作为探寻文化与科技融合的开端。

文化、科技与人类相伴而生，是在简单劳动实践的基础上逐步积累、演化、发展而来的，即文化与科技起源的地方，就在人类起源的地方。文化与科技经历着从无到有、由简单到复杂、从低级到高级的漫长发展历程，二者相互交织，互相影响，互相促进。因此，当人类从猿分化出来建立第一个共同体时，文化与科技的交融就已经出现了。根据现代考古学家对石器时代文化遗址的考古发掘报告判断，原始人群约380万年前学会了用打制方法加工石英石、黑曜石、燧石或其他坚硬石块。这对原始人来说是一次工具革命，对人类来说是历史的开始。富兰克林给人下的定义是"人是制造工具的动物"。这些打制石器能更有效地砍砸，而且能切割植物块茎和肉类。标志人类能够自行制造生产工具，人与动物有了根本区别。于是，早期原始人类进入了旧石器时代。

人工打制石器技术的发展直接影响了人类的生活方式，早期人类开始在简单劳动实践的基础上，根据经验的积累和总结，逐步形成了最原始的技术，构成了人类最基本的文化现象。从游牧为生到逐渐定居，人类依靠石器进行采集和渔猎等活动，提高了生产效率，促进了社会的发展。

新石器时代的人类学会磨制石斧、石镰、石犁、石铲等工具以及烧制陶器等，这是基于工具的有意识的"再创造"。同时，石器也被用于制作装饰品和艺术品，体现了人类的审美观念和技艺水平，为人类向文明时代迈进奠定了物质基础。人们开始利用黏土等天然材料制作陶器，为使陶器更加美观，出现了施釉、彩绘等装饰技术。随着原始科技的发展，陶器的种类和用途逐渐增多，出现了陶罐、陶盆、陶壶等用于储存和运输的容器，以及陶俑、陶塑等用于祭祀和墓葬的艺术品。陶器是原始科技与文化艺术的结晶。人们在烧制陶器的过程中有机会接触各种金属矿石，并逐渐学会冶金。而用金属器来作为石器、陶器、骨器、木器的补充，对生产和生活来说，都十分必要。

石器、陶器、弓箭的发明以及火的使用，是原始科技发展的显著标志，直接影响了人类的生活方式。随着人类能够获得更多的食物，从事非生存性活动有了可靠的保障，思想或情感的积累为人类的精神活动创造了前提，逐渐出现了原始绘画、原始装饰、原始舞蹈、原始诗歌、原始音乐等多种艺术形式，并通过原始劳动技术的方式呈现出来。石器时代的人类开始进行壁画和雕塑艺术创作，他们用颜料在洞穴壁上绘制各种动物形象，表达对自然的敬畏和对狩猎的追求。在中国青海大通县考古发掘出一个新石器时代的舞蹈纹彩陶盆，这是目前为止所发现的最古老的舞蹈形象，约五千年前先民们扮演"百兽率舞"的形象被生动地描绘出来。这些艺术作品不仅展示了先民的审美观念和技艺水平，还为我们了解石器时代人类的生活和思想提供了重要线索。

在新石器时代晚期人类已开始使用金、银、铜和陨铁等天然金属。在大约公元前 3000 年，人类发明了青铜。青铜时代文化与科技的融合是人类文明发展史上的一个重要里程碑。青铜器的出现不仅极大地提升了生产力和战斗力，还促进了社会文化的繁荣和科技的进步。青铜的冶炼是青铜时代科技的重要成就，人们掌握了金属合金的制造技术，通过调整不同金属的比例来获得性能优异的青铜材料。这一技术的出现，标志着人类从石器时代向金属时代的迈进。为了制作精美的纹饰和图案，人们还发明了雕刻、镶嵌等工艺，这些技术的出现和发展为后来的科技进步奠定了基础。青铜器的制作和使用促进了不同地区之间的文化交流，商代晚期的"青铜礼器文化圈"就体现了中原地区与周边地区的文化交融。这种交流不仅丰富了青铜文化的内涵，还推动了整个社会的发展。在青铜时代，青铜器还承载着重要的祭祀和礼制功能，许多青铜器被用作祭祀用具或礼器，体现了当时社会的宗教信仰和等级制度。这些青铜器不仅具有物质价值，还蕴含着丰富的文化内涵。

原始文化与简单技术是完全糅合在渔猎生活和巫术礼仪的混沌统一体中的，具体表现为"工具"这一实用载体的使用以及围绕"工具"的精神活动。"工具"既具有功用性，又凝结着原始人类的审美、情感、思想和信仰。无论石器时代还是青铜器时代，人们对自然界和神秘力量的崇拜和信仰十分普遍，他们相信大自然中存在着一种神秘的力量，并认为祖先的灵魂可以保佑他们。因此，人们会定期举行祭祀活动，以祈求自然的恩赐和祖先的保佑。这种原始的宗教信仰和祭祀活动丰富了人类的文化生活，推动他们利用简单工具改造自然。

随着技术的进一步发展，手工技艺开始脱离农业生产，在漫长的历史中发展出造纸、印刷、纺织、陶瓷、冶铸、建筑等多个技术门类，出现了专门从事手工业的"工匠"。并且，随着人们对社会和自然的认识逐渐加深，还出现了早期的天文历法、数学、物理、医药、地理等科学萌芽。在漫长的古代文明中，文化与科技的融合并不明显，文化与科技之间的融合局限于少数传统手工技艺领域，无法进入广泛的商品层面，也不可能有大规模的生产，更不可能形成文化与科技广泛融合的浪潮。因此，从原始社会过渡到奴隶社会直至封建社会的漫长历史演进过程中，无论东方还是西方，文化与科技仅仅是基于工具和器物层面的简单糅合，远远没有达到深度融合的程度。因为东西方古代社会并没有发展到如此高级的程度，能够促进文化与科技之间的交融，而是沿着自身的系统和历史演进的逻辑有序而又缓慢地前进，文化与科技的相互影响并不明显。相反，政治、宗教、社会环境和经济发展往往间接影响了文化与科技的融合。

2. 从"铅与火"到"光与电"的巨大变迁

在近代文化与科技走向融合的过程中，科技占据了绝对的主导地位，经历了从"铅与火"到"光与电"的巨大变迁。由于科学技术既有人性的一面，又有非人性的一面，所以科技与人文出现了一定程度的分离，不同文化体系中的东方和西方都经历了文化与科技相对独立发展的漫长历史过程。直至欧洲文艺复兴与启蒙运动兴起，人文主义思潮涌动，帮助近代自然科学从封建统治与神学的束缚中解放出来，科学与人文在经历了中世纪长期的对立后，出现了前所未有的繁荣景象。在技术上，造纸与印刷术、火药、指南针等东方发明的输入对欧洲的技术改革具有重要意义，造纸和印刷术很快转化为传播新思想和"科学复兴的手段，变成对精神发展创造必要前提的最强大的杠杆"。科技文化与人文文化是相互促进的，近代科学技术在文艺复兴运动中诞生，就生动体现了两种文化的相互促进关系。

近代科学的产生与发展是一个逐渐由地区性科学走向世界性科学的过程。在这个过程中，科学的浪潮先后波及了意大利、英国、法国、德国等主要欧洲国家。科学浪潮的到来，迅速改变了这些国家的社会面貌。同时，科学在与这些国家相结合时，也不可避免地受到这些国家的传统文化、宗教习俗和政治环境的影响，从而表现出鲜明的民族特征，科学正是在人文主义运动中被孕育出来的。从近代科学诞生以来，已经发生过两次重大的科学革命和技术革命。

18世纪60年代英国发生第一次工业革命，蒸汽机作为第一次工业革命的重要标志，其发明和应用极大地提高了生产效率，推动了工业化的进程。同时，蒸汽机也被应用于交通工具，使得国与国之间的交通更加便捷，促进了文化的传播和交流。各种制造机器的工具和精密量具的发明，实现了机器制造的机械化，机器大工业有了坚实的技术基础。工业革命时期高速印刷机的发明实现了印刷术的革命，书籍、报纸等文化产品的生产更加高效和规模化。这些信息传播工具的改进，使得文化内容能够更广泛地传播到社会各个阶层，促进了文化的普及和发展，科学技术的推广和应用也就更便利了。

工业革命导致了社会阶级的分化，也促进了文化的多元化发展，不同阶级的人们有着各自独特的文化需求和表达方式。随着工业化的发展，教育体系也逐渐建立和完善，这为文化的发展提供了更加坚实的人才基础。在工业革命的背景下，一批具有新思想、新知识的知识分子涌现出来，他们关注社会现实，积极参与文化创作和传播活动，推动了文化的繁荣和发展。工业革命带来社会变革和思想解放，为文化创新提供了良好的环境，人们开始追求新的艺术形式和文化表达方式，推动了文化的多元化和创新发展。在工业革命期间，绘画、音乐、戏剧等艺术形式不断推陈出新，涌现出了一批具有时代特色的艺术作品，反映了当时社会的风貌和人们的精神追求，科技助力艺术领域的繁荣和发展。

第二次工业革命以电力的发明和广泛应用为标志，工业重心由轻纺工业转为重工业，出现了电气、化学、石油等新兴工业部门，使世界由"蒸汽时代"进入"电气时代"，并极大地推动了社会生产力的发展。各种新技术、新发明层出不穷，并被应用于各类文化生产和文化服务领域，广播、电影、电视等大众传播媒介的问世代表了这一时期文化与科技融合的最高水平，也是物质逐渐丰富后转向文化消费的主要领域，为文化创意产业的萌芽与兴盛奠定了基础。随着文化载体的不断发明和使用，文化产业逐渐壮大，电影、广播等电子媒介的广泛使用为文化产业提供了广阔的发展空间，促进了文化产品的多样化和文化市场的繁荣，文化产品的生产更加高效和规模化。

现代科学技术革命表现出科学体系结构的整体化和专业化、科学活动的社会化和国际化、科学与技术及生产的一体化等特征。现代科学技术革命深刻地改变了人们对国家与世界、历史与未来、科学与价值等问题的根本看法和态度。在这种背景下，必将孕育出一种崭新的人类文化。高科技成为一切现代进步的同义词，它不仅限于工业产品和过程，而且包括了所有的加工方法和活动。电子技术和微电子技术发展的历史表明，进入20世纪以来，在相当的意义上，技术进步直接带来了文化的变迁，技术不断创造着新文化，包括新时尚、新习惯、新语言、新的交往方式、新的娱乐方式、新的工作方式和新的生活方式。

社会文化现象更多地打上了技术的烙印，通过对电子技术和微电子技术的发展及其应用的历史考察，我们可以发现，19世纪至20世纪的伟大科学家如爱因斯坦、普朗克、玻尔，他们借以影响世界的主要是思想观念的力量，他们提出的科学观念成为认识世界的新基础。20世纪的许多哲学、伦理和社会问题都与技术有关。这一切，标志着人类已经进入了技术文化的新时代。

现代科学技术为人文文化的发展提供了新的条件、手段、形式和内容，并开始把人当作技术对象和用物来全面取代的对象，这就把科技文化与人文文化的协调放在更加突出的位置上。这些都反映出，文化与科技之间的激烈冲突和分裂状态逐渐被打破，误解和偏见进一步消解，人类社会开始迈向"科学的人文主义"和"人文的科学主义"时代。由此观之，科技融合文化发展、融入人文精神的趋势已经越来越明显，文化与科技融合创新在时代剧变的过程中显得尤其重要而深刻。

3. 信息化与智能化时代的深度融合

从历史发展经验看，文化与科技在整个人类演进历程中存在一定的线性关系，科技的每一次跨越式进步都推动文化发生了根本性变革。信息化与智能化时代，文化与科技的深度融合已成为推动社会发展的重要力量。这种融合不仅促进了文化产业的创新发展，也丰富了人们的文化生活，提升了文化传播的效率和广度。

近年来，科学技术全面赋能文化产业，使得文化供给侧和消费端发生深刻变革，一大批文化新业态、新产业、新场景应运而生。文化和科技融合，既催生了新的文化业态、延伸了文化产业链,又集聚了大量创新人才。文化与科技的"深度融合"问题,包括融合范围的广泛性、融合方式的多样性以及融合价值的丰富性等,是一个不得不给予关注的当代课题。文化与科技融合是文化与科技产业新兴的发展模式,世界各国为把握科技发展变革和跨界融合发展的重要机遇,将文化与科技融合作为协同提升文化软实力和科技硬实力的重要战略。

随着信息技术的飞速发展,人工智能、大数据、云计算、区块链等新技术在文化领域得到广泛应用。这些技术为文化产品的创作、生产、传播和消费提供了全新的手段和平台,推动了文化产业的转型升级。在科技的推动下,网络文学、数字音乐、短视频、在线演艺等新兴文化业态蓬勃发展。这些新业态打破了传统文化产业的边界,为文化产业注入了新的活力。借助科技手段,文化产品的内容和形式不断创新。

在信息化时代,文化传播不再受地域和时间的限制。通过互联网、社交媒体等平台,文化信息可以迅速传播到世界各地,极大地提升了文化传播的效率。数字化传播方式使得文化产品能够触达更广泛的受众群体,无论是城市居民还是偏远山区的居民,只要有网络连接,就能享受到丰富的文化内容。

在智能化时代,文化传播的互动性显著增强。观众不再是被动的接受者,而是可以参与到文化内容的创作和传播中来,形成了更加紧密的文化共同体。借助智能化技术,可以创新传统文化的展示方式。例如利用虚拟现实技术打造数字化博物馆、艺术馆等，让观众在沉浸式体验中感受传统文化的魅力。

　　信息化与智能化时代文化与科技的深度融合是推动文化产业创新发展、提升文化传播效率、促进文化传承与保护以及推动文化产业高质量发展的重要途径。随着全球化的不断深入和发展，文化产业将更加注重与国际市场的接轨和合作，通过引进和借鉴国际先进技术和经验推动自身发展。同时，也将更加注重多元化和差异化发展以满足不同国家和地区的文化需求。未来，随着科技的不断进步和应用场景的不断拓展，我们应该继续深化文化与科技的融合，为社会进步和文明发展作出更大的贡献。

三、文化和科技融合的理论逻辑

文化和科技都是人类认识和改造客观世界的成果。文化以社会为对象，致力于以文化人，整体属社会科学范畴；科技以自然为对象，致力于以技驭物，整体属自然科学范畴。文化和科技共同构成了人类的知识体系。文化与科技虽然分属不同学科，但同源同流，实质上是人类知识的一体二面，从旧石器到人工智能，没有不包含文化内涵的科技，没有可以离开科技进步的文化，特别是现代社会，科技更是深入人类生活方方面面，成为文化存在的媒介。

1. 科技和文化基于知识的关联性

知识是人类探索物质世界和精神世界的结果总和，是人类文明进步的动力源泉，兼具人类真善美的特性。知识的真表现为知识的普遍性与客观性，表现为知识不以个人意愿为转移的确定性。一加一等于二，这是所有人都接受的数学知识；氢和氧燃烧生成水，并释放出能量，这是所有人都可通过实验证实的化学知识；秦始皇统一六国，这是所有人通过查证史料都可获知的历史知识。知识的善表现为知识提升人类的道德情操，促进社会发展，推动人类文明进步。中国儒家尊奉"大学之道在明明德，在亲民"，圣人之知在于通过自己的德行修为达到齐家治国平天下的至善，这是知识之善的最本真体现。知识的美展现为知识给人类带来美的享受。人类向外认识世界，向内认识自我。古希腊毕达哥拉斯学派很早就发现，世界的美呈现为数的和谐，声音高低与长短成比例的变化形成动听悦耳的音乐，自然界存在黄金分割比例，当事物部分与部分、部分与整体之间的比例近似 0.618 时，事物造型最美。

科技与文化同样坐落在知识的地基上。知识根据研究对象的不同分为自然科学知识与人文社会科学知识。自然科学知识是科技发展的基础，人文社会科学知识与文化有亲缘关系。自然科学知识以自然为研究对象，解释并预测自然事物与自然现象的生成、发展和变化的规律。人文社会科学知识主要聚焦人的活动，包括人的精神活动以及由此产生的精神文化成果，人的社会化活动以及由此形成的社会关系、社会制度、社会发展规律等。自然科学与人文社会科学有不同的学科研究方法。自然科学多采用假设、演绎与实验的方法，人文社会科学多采用诠释、推理与类比的方法。自然科学研究自然，发现自然事物与自然现象之间的因果必然性。人文社会科学研究人类社会，判断社会事物与社会现象之间统计相关，或类比相似。不过，社会发展，以及社会内含的经济、文化、政治发展，都有内在的规律，与自然规律一样，具有客观性。

科技以人类对物质世界的探索为起源。科技是对科学与技术的统称。科学与技术一度相互区别。科学是对自然世界的理论认识，技术是对自然事物的创造和利用。现代社会，随着人类对自然认识的深入，科学与技术融为一体，基础科学的进步带来技术的重大突破，没有现代技术支撑，现代科学发展举步维艰。宏观尺度上，对外太空的认识需要有射电望远镜；微观尺度上，对质子、中子等微粒子的认识需要有电子对撞机。

科技的真毋容置疑，科技的美则常为人所忽视。美一般认为是一种主观体验，与客观的科学精神相背离。但科技的客观性是有条件的相对客观性，如牛顿力学只有在常规尺度上有效，在宇观尺度上，物体遵循爱因斯坦相对论，在微观尺度上，粒子运动遵循量子力学。科技不仅在其应用并且在其发展进程中蕴含美。科学的美是思维之美。如科学的奥卡姆剃刀遵循简单之美，科学发展史中，用"燃素"来解释燃烧现象，用"以太"来解释声音在空气中的传播，都因后来成为科学解释的累赘而被削除。哥白尼日心说取代托勒密地心学，并非因为地心说不能解释可发现的天体现象，而是日心说能更简单地描述天体运行规律。技术的美是创造之美。人类向往飞翔，所以发明了飞机；人类想探索大海，所以发明了潜水艇；人类想看看微观世界，所以有了显微镜。种种创造发明不仅扩展了人类探索美的范围，而且在我们惊叹人类创造物的神奇之时，创造物本身就展现出美。

文化有狭义与广义之分。广义的文化是人类在社会实践过程中所进行的物质与精神创造的总和。狭义的文化指人类的精神生产，以人类对精神世界的探索为起源。《周易·贲卦·象传》："刚柔交错，天文也；文明以止，人文也。观乎天文，以察时变，观乎人文，以化成天下。"这是把天文与人文相区分，类同于今天我们区分自然科学与人文社会科学，将文化归于人文社会科学范畴。

文化的美是外在的与具体的，我们可以轻易发现文化的美；文化的真则是隐藏的，更难以发现。我们在欣赏莫高窟时，在品鉴诗词歌赋时，可以获得美的直接感受。但当我们品味陶渊明"采菊东篱下，悠然见南山"的田园风情时，往往忽视诗的背后是诗人对浊世仕途的厌倦；当我们叹服范仲淹"先天下之忧而忧，后天下之乐而乐"的济世情怀时，往往看不到诗人所处朝代正陷入家国之忧的社会现实。马克思指出，社会存在决定社会意识。一定时代的文化反映了一定时代的社会关系。文化带给我们美的感受，是感性的，主观的；文化反映的社会关系，是客观的，现实的。

科技与文化共同的目的是向善。科技与文化共同推动人类文明的进步。人类文明分为物质文明与精神文明。科技作为第一生产力,通过认识自然与改造自然,推动物质文明的发展。从旧石器到青铜器,从手工磨到蒸汽机,从图灵机到人工智能,从利用自然水能到开发原子能,正是科技发展,使人类生产工具发生飞跃式变革,人类开发与利用自然的能力不断拓展,物质生产能力大幅提升。通过科技进步,人类有了更丰富的食谱,更舒适的居处,更便捷的出行方式,有了更长的寿命,在自然面前有了更广阔的生存空间。生产力决定生产关系。生产力的变革推动人类社会从原始社会、农业社会发展到工业社会。进入21世纪,信息技术与人工智能的发展带动人类社会走向后工业社会。"仓廪实而知礼节,衣食足而知荣辱。"(《管子·牧民》)在物质文明进步的基础上,文化展现精神文明进步的成果。从公元前300多年前亚里士多德试图证明奴隶制的合理性,到17世纪霍布斯提出权力平等的契约论,人类社会趋向更平等的发展。从先秦老子赞颂小国寡民,儒家提出天下大同的理想愿景,到新时代中国在国际上倡导构建人类命运共同体,提倡全人类共同价值,人类社会走向更开放而公平的发展。公平正义、互利共赢取代等级剥削、零和对抗,善的理念不断弘扬,这是人类文明的进步,是人类科技与文化发展的共同成果。

2. 价值理性和工具理性的互补性

理性是人类拥有的判断、推理与认识能力。亚里士多德把人界定为理性的动物,理性是人与动物相区分的最本质特征。

中国先秦孟子也有言："人之所以异于禽兽者几希，庶民去之，君子存之。舜明于庶物，察于人伦，由仁义行，非行仁义也。"（《孟子·离娄下》）孟子认为，人与禽兽不同的地方在于，人察人伦，以仁义行事。孟子区分人与动物虽未用理性之名，但却有言理性之实。马克思指出："最蹩脚的建筑师从一开始就比最灵巧的蜜蜂高明的地方，是他在用蜂蜡建筑蜂房以前，已经在自己的头脑中把它建成了。"人类具有理性潜能，能够认识自然规律，利用自然规律，改造自然，获得更有利的生存环境。正是因为拥有理性能力，人类能够学习蜜蜂的建筑术，但反过来，蜜蜂却无法学习人类的建筑术。

西方社会学家韦伯在讨论现代社会的合理性行为之时，区分了工具理性与价值理性。工具理性通过认识事物的有用性，追求事物的最大功效，实现人的某种功利目标。工具理性又称为计算理性，或技术理性。资本主义社会，资本家利用科技提高生产力，降低生产成本，提升产品竞争力，打开市场，在市场交换中获得利润。在资本主义社会，科技发展的目的是资本增值，科技理性属于工具理性。韦伯把价值理性定义为，"通过有意识地对一个特定的行为——伦理的、美学的、宗教的或作任何其他阐释的——无条件的固有价值的纯粹信仰，不管是否取得成就"。价值理性基于行动本身的价值而采取行动。如我们拯救失水儿童，不是因为这个行动会为我们带来声望名利，而是因为行动本身所具有的道德价值；我们花钱观看音乐剧，也是因为这个行动本身带来的艺术享受。

文化的发展蕴含价值理性的发展。西方近现代启蒙运动既是一场文化运动，也是一场价值重构的思想革命。启蒙运动把人从神的束缚下解放出来，重申人的理性、人的自由、人的权利、人的尊严、人的价值的自我实现的观念，从人对神的信仰转向人的自我反思。中国由五四运动引发的新文化运动催生了中国价值理性的近现代转型。新文化运动反对封建礼教，提倡自由，反对迷信，提倡科学，反对独裁，提倡民主，反对文言文，提倡白话文，为中国近现代普及独立自主、科学民主、公平正义的价值理念奠定了基础。

科技理性受价值理性的引导。人的行为具有目的性，人们通过价值认同确定行为目的，并利用工具实现一定目的。价值理性确定工具理性的作用方向，作为工具理性的科技理性同样受价值理性引导。首先，价值理性确定科技向善的应用。科技是一把双刃剑，缺乏价值理性的引导，科技既可能为人类带来福祉，也可能为人类带来灾难。如根据爱因斯坦的质能公式，科学家们释放出原子能，原子能既可转化为电能，用来解决能源危机，也可转化为核武器，制造悬在人类头顶的达摩克利斯之剑，使人类不得不时刻面临核毁灭的潜在风险。其次，科技的重大攻关选题与发展方向受社会需求影响。如新时代以习近平同志为核心的党中央聚焦国之大者，提出解决中国科技领域的"卡脖子"问题，聚焦新质生产力，聚焦引领第四次工业革命的高新尖技术的研发与创新，实现重点领域科技自主，这与中国一直以来坚持独立自主的文化价值理念一脉相承。

西方现代科技发展受西方资本主义自由主义的文化价值引导，带来西方社会的现代性危机。西方现代性危机的一个表现是人的价值的迷失，即人的异化。马克思分析了资本主义社会存在的异化现象。人们制造生产工具，提高生产力，生产更多的产品，是为了满足人们的生活所需，实现人的自由，展现人的价值。但在资本主义社会，大机器生产提高了生产力，生产工人却变成了生产线上的螺丝钉，生产的产品也不是为了满足人们的生活需要，而是为了进入市场交换，获得利润。因此，马克思指出，在资本主义制度下，物的关系取代人的关系成为主宰，物的价值不是服务于人的价值实现，而是反过来，人的价值为实现物的价值服务，物成为目的，人成为手段，这就是人的异化。西方现代性危机的另一个表现是生态危机。生态主义者指出，在西方资本主义社会，科技的本质是为了征服自然，控制自然，使自然为我所用。人类无节制地挖矿、砍树，造成自然环境的破坏；人类大量使用杀虫剂，在工业生产中无节制地排放有害化学残余物，破坏生物链，造成地球诸多物种濒危；人类在生产生活中大量释放二氧化碳，造成地球温室效应。人类在利用科技试图控制自然的同时，也受到了自然的报复。资本主义社会以控制与效率为价值导向的科技文化无法有效地化解人与人、人与物、人与自然之间的矛盾。文明的发展呼唤一种后资本主义的科技文化。

3. 科技与人文学科边界的模糊性

1959年5月7日，英国科学家斯诺在剑桥大学发表了《两种文化与科学革命》的演讲，指出学术研究领域存在两种文化的现象，即知识分子分别在自然科学领域与人文科学领域使用不同的语言，运用不同的方法，讨论不同的问题。斯诺的观点引发学术界关于是否存在自然科学与人文科学两种文化的讨论。1996年5月18日，纽约大学量子物理学家艾伦·索卡尔谋划学术界的钓鱼事件，模仿后现代一些人文学者的语言风格，故意制造一篇充满常识性科学错误的学术文章，发表在著名的文化研究杂志《社会文本》上，引来新一轮的自然科学家与人文学家的科学大战。科技与人文是否分属不同的学科阵营？是否属于不同的文化体系？回答是否定的。区分科技与人文，这是现代社会才出现的学科划分，前现代并不存在。在亚里士多德的理论体系中，物理、数学等自然科学知识属于自然哲学，伦理、政治知识属于实践哲学，而逻辑学、形而上学列于物理学之后，也就是说，科技与人文是同一个知识体系的不同组成部分，并且彼此之间相互关联。

科技与人文之间不存在清晰可辨的边界线。科技与人文有同有异，最大的不同是研究对象的不同，最大的相同是同属人类智慧成果。物理学、数学等自然科学基础理论研究，更注重通过假设演绎的方法发现事物间的普遍原理；诗歌、绘画、雕塑等人文艺术创作，更注重通过对自然与生命的感悟获得艺术的独特呈现。从科技到人文，是一条绵延的直线，更注重逻辑体系的物理学数学居于一端，更注重个性呈现的诗歌绘画居于另一端，在这之间有科学哲学、科学史、心理学等学科，构筑科技与人文互通之桥，模糊二者的边界。

当代，科技的纵深发展与人文思考的拓展，使科技与人文的学科交叉进一步深化，主要体现在三个方面。

一是科技与人文学科研究对象进一步叠合。科技的研究对象主要是自然事物与自然现象，人类既有自然的一面，也有超出自然的一面，在科技越来越发达的当代社会，人类的思维与智能行为模式作为自然现象进入科技研究的视野。如人工智能技术的发展、脑机接口技术的发展，科技正在用现代化的技术解读、模拟人类的智能行为。随着大语言模型技术的突飞猛进，人工智能具有类似人类的学习能力与语言操作能力，能够像人类一样进行文学艺术创作，这意味着未来的某一天，文化将进入人机共建时代。人文科学的研究对象是人类的精神现象与行为方式，在科技的社会功能越来越显现的后工业社会，科学家与工程师们的科技研究行为进入人文社会科学研究的视野。如法国科学社会学家布鲁诺·拉图尔，采用社会学田野调查方法，在实验室跟踪研究科学家多年，发现作用于科学家研究决策的诸种文化、政治、经济因素。

二是科技与人文学科研究内容进一步交融。一方面，随着人工智能技术的发展，传统人文科学研究的内容进入科技研究的视野。人工智能模拟人类行为，需要掌握人类行为的基本特征与行为规律。如 ChatGPT 对人类自然语言的模拟，需要结合计算技术的最新发展与语言学家对自然语言的最新研究成果，在掌握人类语言学习的基本特征后，通过编程与参数调整，直至人工智能能够实现与人类类同地运用自然语言的功能。人工智能的快速发展同时提出机器伦理的时代课题。机器伦理既是伦理学研究的重要内容，也是人工智能技术不可或缺的组成部分。如自动驾驶技术中，把怎样的伦理范式通过编程纳入自动驾驶程序，使自动驾驶汽车在行驶过程中能够遵循人类社会共同的道德规范，需要人工智能专家与伦理学家通过合作共同解决。另一方面，科技成为现代人文创作的一个重要元素，在科技基础上构想的世界及其事件成为艺术表现的主题。如现代科幻小说运用最新科技知识进行叙事，并对科技发展方向进行艺术构想。科幻小说《三体》展现物理学知识构想，电影《机械公敌》机械大脑维基遵循机器人三定律，对未来人机共存的世界秩序进行构想。科技成为现代艺术展现的重要方式，借助科技，艺术创作中的音形色达到传统表现手法无法比拟的高度。如科幻电影《阿凡达》不仅借助电脑技术呈现了一个绚丽多彩的星球，而且在构想潘多拉星球时，广泛征求植物学家、动物学家、人类学家等科学家的意见，使艺术的构想能够与科学相融合。

三是科技与人文学科研究方法进一步互通。一方面，科技的不确定性向人文科学靠近。传统科技追求自然事物与现象间的确定因果关系，但随着科技向微观世界与宏观宇宙的延展，人文科学研究的非线性因果关系在科学研究中开始占据一席之地。如量子力学波动方程以概率的方式描述微粒子的运动，对微粒子位置与动能的测量只能获得非线性的因果认识。人文科学研究中的不透明性问题在科技领域也得到越来越多的体现。如计算机的深度学习算法中，程序员给机器喂养大量数据进行训练，使计算机输出具有人类认识特征的结果，但计算机输出结果的具体计算路径却是不透明的，如同人类的理解认知行为，其结果可传递、可沟通、可交流，但对作用过程并不能给出一目了然的解释。另一方面，科技发展的新方法向人文科学渗透。如计算技术的发展为人文科学研究提供了新方法。大数据分析广泛应用于经济研究、社会管理与国家治理等领域。企业通过大数据分析，准确判断市场需求，进行生产定位；金融机构通过大数据分析，实时监测市场波动，改进投资策略和风险管理；研究机构通过大数据分析，更准确地预测经济指标，制定更有效的政策措施。计算技术与人文学科的结盟形成了新的学科领域，如计算社会科学，在社会科学中采用计算机方法，模拟、分析人文社会现象，使人文社会科学也能如自然科学一般，运用实验方法，进行假设、建模、预测论证。

四、文化和科技融合的实践考察

双向奔赴才能彼此成就。一项冷冰冰的技术创新成果无法让人心动，但具有文化内涵的新成果则会让灵魂起舞。同样，躺在博物馆的文物、图书馆的书籍可能难以让人提起兴趣，但被现代数字技术转化为生动形象的读物则容易让人在轻松愉悦的氛围中完成学习。让科技更卓越，文化是灵魂，价值观文化、制度文化、协同文化、企业文化形成了软支撑。科技赋能文化，技术是硬支撑。技术不再简单地被视为一种工具或手段，用来支持和辅助文化的表现和传播，而是文化与科技相互作用、相互影响、共同发展。科技引领文化装备制造、新闻出版、广播影视、演艺、艺术品等传统文化产业的技术革新，加速产业升级步伐；科技革命催生泛娱乐产业、流媒体音乐、数字内容、VR、大数据、云计算、人工智能等新的文化业态。科技与文化从单向赋能走向互促共生，展现了两者"山下分手山顶相见"的美丽传说。

1. 科技驱动下的"业态升级"

硅谷科技巨头亚马逊、苹果等企业纷纷布局进军影视产业。亚马逊公司设于美国洛杉矶的虚拟摄影棚 Stage 15，一块 LED 屏幕、一台摄像机以及一位摄影师，这样简单的配置就足够完成好莱坞大片的制作。OpenAI 在其官网发布文生视频模型 Sora，该模型可以创建长达一分钟的视频，生成具有多个角色、特定类型运动以及精确的主题和背景细节的复杂场景……科技驱动下的文化产业正进入"业态升级"新阶段。从传统的雕版印刷到现在的数字化印刷，从传统的无声电影到现在的彩色有声电影，等等，这些业态的升级，无不显示着科技的力量。回顾科技进步和文化业态转变的脉络，可以发现文化产业的历史进程实际上是由技术的不断更新和突破所决定的。受技术创新的影响，文化产业在传统媒体时代、数字革命初期、互联网+时代、智能科技时代呈现出阶段性特征，甚至成为一个时代的符号。

表1-1 不同阶段文化与科技融合发展的特征与表征

发展阶段	关键技术	主要特征	典型应用
传统媒体时代	印刷术、广播电视技术	单一向传播、内容集中、受众被动接受	报纸、杂志、广播节目、电视

续表

发展阶段	关键技术	主要特征	典型应用
数字革命初期	个人电脑的普及、互联网初步应用	数字化内容出现、交互性增强、线上社区形成	数字音乐、早期视频网站、网络文学
互联网+时代	移动互联网、社交媒体兴起	移动化、碎片化消费、用户生成内容爆发、社交属性增强	短视频平台、社交媒体、在线直播
智能科技时代	人工智能、虚拟现实	个性化推荐、沉浸式体验、跨平台互动	智能推荐系统、VR游戏和旅游、AR博物馆和导航

资料来源：参考郭万超《文化与科技融合：历史演进、内在机理与政策引导》

美国战略咨询公司地平线公司（LLP）的两位创始人约瑟夫·派恩和詹姆斯·H. 吉尔摩曾预言：农业经济、工业经济、服务经济时代正在过去，"体验经济时代"已经来临。体验经济对于文化与科技而言，就是要改变传统的文化产业运行模式，促进产业转型升级，以满足体验在产品、场景等方面的需求。

所谓科技驱动下的文化产业"业态升级"，是指利用互联网、大数据、人工智能、虚拟现实、增强现实等现代科技，对传统文化产业进行深层次的改造和升级。这个过程不仅改变了文化产品的生产方式、传播渠道和消费模式，而且促进了新文化业态的诞生和文化产业结构的优化。国家统计局公布的全国规模以上文化及相关产业企业调查数据显示，2023年，文化新业态特征较为明显的16个行业小类实现营业收入52395亿元，占规模以上文化企业营业收入的比重达到40.45%；同比增长15.3%，增速比规模以上文化企业快7.1个百分点。2024年上半年，文化新业态特征较为明显的16个行业小类实现营业收入27024亿元，比上年同期增长11.2%，快于全部规模以上文化企业3.7个百分点。

技术创新催生新型文化业态。在纽约大都会艺术博物馆，《古埃及的宝藏》的VR体验通过高分辨率的3D扫描和建模技术，使古埃及文物被数字化。参观者佩戴VR头显，即可在虚拟环境中自由走动，观看文物细节，并通过手柄与展品互动，深入了解每件文物的历史和文化背景。这种创新的展示方式，不仅打破了传统博物馆参观的时间和空间限制，提供了更加直观和互动性强的学习体验，而且极大地提升了用户的体验感和参与度。这充分展示了科技在文化业态升级中的关键作用，预示着未来文化产业将朝着更加智能化、互动化和全球化的方向发展。

融合发展催热"文化+"。在迪士尼乐园，通过专门的应用程序，游客可以享受AR体验，在乐园内与虚拟角色进行互动。这种沉浸式体验不仅丰富了游客的娱乐感受，还融入了教育和文化旅游的元素。这不仅提升了游客的整体体验，特别是激发了年轻一代的兴趣，还促进了门票、周边商品和餐饮的销售，为乐园创造了新的经济增长点。这充分展示了科技在促进文化与旅游、教育和娱乐产业深度融合中的关键作用,为文化及相关产业的发展注入了新的活力,推动了文化业态向更加多元化和互动化的方向快速转型。

供给变革让文化产品和服务能够更加容易地到达消费者。在 Netflix（美国奈飞公司,一家在线影片租赁提供商）的全球化战略中,通过流媒体技术和云计算平台的应用,Netflix 实现了全球范围内的内容分发和用户管理,为全球消费者提供了丰富的文化产品和服务。通过大数据分析和人工智能算法,Netflix 制作和采购了大量本地化内容,满足了不同国家和地区观众的偏好。这一策略不仅使 Netflix 迅速进入全球多个市场,拥有超过 2 亿的订阅用户,还促进了各地文化的交流和传播,推动了文化的国际化。Netflix 的成功证明了科技创新在扩展文化市场空间、促进文化产业繁荣发展中的重要作用。

新场景新工具引领消费模式创新。以腾讯音乐娱乐集团（TME）为例,通过大数据分析和人工智能推荐算法,TME 根据用户的听歌历史、喜好和行为提供个性化的音乐推荐,提升了用户体验。同时,TME 推出了在线虚拟演唱会平台,通过高清直播和互动功能,让全球粉丝能够实时观看和参与演唱会,为艺人提供了新的表演舞台,也为粉丝提供了全新的观赏体验。利用区块链技术,TME 推出了音乐数字藏品,如限量版音乐专辑和艺人签名,增加了粉丝与艺人之间的互动。此外,TME 在其平台上集成了社交功能，用户可以创建个人音乐主页，分享歌单、评论和点赞，形成了丰富的音乐社区。通过这些科技创新，TME 不仅提升了用户体验，还创造了新的文化消费场景，满足了多样化的消费需求，推动了文化产业的繁荣发展。

2. 跨界聚合下的"产品新创"

文化与科技双向奔赴，将文化元素与科技手段相结合，创造出具有新颖性、创新性和文化价值的产品，实现跨界聚合下的"产品新创"。这种跨界的融合不仅涉及传统文化与现代科技的结合，还强调"通过科技手段挖掘、保护和传播文化遗产"以及"利用文化创意激发科技产品的设计和功能"。《阿凡达 1》引领了电影技术革命，也使得电影特效成为此后影响电影品质与票房的关键因素。卡梅隆在《阿凡达 2：水之道》中改进创新特效技术，开创了水下沉浸感的视觉效果。Apple（苹果公司）近期发布了革命性产品——Vision Pro（一款头戴式显示设备），无论是工作、娱乐、观看电影、3D 内容还是与亲友通话，Vision Pro 为用户创造无限可能。SQUASHY（一款儿童虚拟现实可穿戴设备）替代了传统的教学辅助工具，引入了令人兴奋和沉浸式的学习方式……这些产品创新，体现了科技与文化融合的最新成果。

从最初的生存需求驱动，到现代的知识经济和科学技术推动，社会分工不断深化，而社会分工的深化和细化则为跨界聚合提供了基础。随着分工的专业化，传统工业时代产业边界固定、行业分离明显的局面被打破了，不同领域之间的界限变得模糊，促进了跨领域的合作和知识交流。这种合作和交流可以激发新的创意和技术革新，成为产品新创的重要动力。就像信息技术和制造业的融合，产生了智能制造；金属行业和科技行业的结合，催生了金属科技；科技和文化的结合也带来了文化和科技产业链的融合重构，有效促进产业要素之间的集聚创新，催生新的产品和服务。

文化与科技在融合的过程中，可以互为主次形成不同的产品群，让科技产业助力文化产业腾飞，让文化产业丰富科技产业内涵。

科技让文化产品设计、生产、销售变得更加简单。当今时代，AI 技术、数字技术在文案生成、图像生成、音乐生成以及艺术品生成等方面应用广泛。以非遗为例，依托 AI 技术，通过深度学习算法，可以有效传承非遗传统技艺，创作出结合传统与现代元素的独特艺术品，并推动非遗元素跨领域融入现代家居、游戏动漫等行业，催生大量新的产品和服务形态。数字文创产品同样受到关注，2021 年年底，成都金沙遗址博物馆首次推出的 4 款"数字文创产品"刚开始上线开售，50 秒的时间，4 万份数字文创产品就被一抢而空。2022 年 4 月，开封清明上河园景区正式推出首款数字文创纪念票。

文化让科技产品更具吸引力、情感共鸣和附加值。文化元素的引入可以形成科技产品的设计美学。比如苹果手机的产品设计常常融入简洁、优雅的美学理念，体现了现代审美趋势，也提升了产品的文化内涵和市场竞争力。文化需求的挖掘可以促进科技产品的功能创新，比如华为手机的 EMUI 系统提供了丰富的本地化服务，受到国内用户的喜爱，提升了产品的实用性和文化的贴近度。文化价值的传递可以打造科技产品的品牌形象，比如耐克在其广告中经常展示运动员在不同文化背景下的奋斗故事，通过文化叙事来增强品牌的吸引力和产品的文化内涵。

3. 技术植入下的"内容活化"

"数字藏经洞"让敦煌文化穿越时空被感受，"全景故宫"让人们"云游"紫禁城万千宫阙，"文物多宝阁"让指尖 360 度"触摸"文物……依托现代技术，我们可以"邂逅"尘封或者异地的文化。

科技创新下的"内容活化"指的是利用科技手段提升文化内容的影响力、表现力和传播力的过程。这种模式通过创新技术的应用，使得传统文化内容焕发新生，吸引更广泛的受众，同时也促进了文化产业的发展和转型。内容活化有两种，一种是内容的"继承活化"，另一种是内容的"形态活化"。

继承活化指的是在尊重和保持原有文化特征的基础之上，通过创新的方法和手段，使传统文化在现代社会中焕发生命力的过程。这种做法不仅有助于保护文化遗产，还能促进文化的传播和发展，使其更加贴近现代人的生活方式和审美。借力互联网技术，长沙与腾讯联合举办的"律动潮长沙 绣出星世界"活动，借力3.5亿人次用户体量的腾讯《QQ炫舞》，用数字文化IP创新诠释湘绣的独特魅力。长沙花鼓戏进驻抖音直播，首播观看人次为350.5万，创下全国院团在抖音首播最高数据纪录，迅速成为文化网红。

形态活化则侧重于传统文化表现形式的更新和多样性的探索。通过创新设计、技术应用和艺术表现等方式，传统文化的外在形态得到丰富和变化，从而吸引更多年轻人的关注，提高文化的吸引力和影响力。这种做法能帮助传统文化适应现代社会的变化，维持其活力和相关性。如湖南博物院发布的"辛追夫人3D数字人"以动态形式展现在长沙地铁文昌阁站立柱电子屏上，社会公众可近距离观察到一个生活化场景里"动"起来的"辛追夫人"。

科技创新在推动传统文化的继承活化和形态活化方面发挥着重要作用。例如，中国传统音乐家和学者开始探索将传统音乐与现代电子音乐技术相结合，创作出既保留传统韵味又具有现代感的音乐作品。通过采样和合成技术，将传统乐器与电子乐器相结合，创造出全新的音乐体验。这种创新不仅吸引了年轻一代的关注，也为传统音乐的传承开辟了新的道路。2022年9月，首个元宇宙概念音乐作品《三星堆·神鸟》在线上正式发行。

又如，中国传统手工艺品通过引入智能制造技术，如 3D 打印、机器人技术和自动化生产线，实现了规模化生产，同时保持了其独特的艺术风格。一些陶瓷和丝绸生产企业通过自动化生产线提高了生产效率，并通过 3D 打印技术实现了复杂图案的快速制作。这些技术创新不仅提升了传统手工艺品的制作效率和质量，还为手工艺的传承提供了新的途径。科技创新在不同层面上推动传统文化的继承活化和形态活化，不仅保护了文化遗产，还通过创新的展示和传播方式，使传统文化更加生动和易于接触，从而吸引了更广泛的受众，特别是年轻一代。通过这些实践，传统文化得以在现代社会中焕发新的生命力。

当然，在"内容活化"过程中，科技的运用并没有从根本上改变文化的内容，或者说并未形成一种完全原创的文化产品。它所起到的作用只是以一种更生动、更现代化的方式将原来的文化进行包装，使之更加符合现代的文化趋势，能够对广大消费者具有更强的吸引力。

4. 互促共生下的"生态重构"

从制片到电影院，以及广告、发行、奖项等，好莱坞形成了独一无二的电影制作生态系统。这种科技与文化互促共生形成的生态帮助好莱坞长期制霸影视行业。文化和科技互促共生下的生态重构是一个复杂而动态的过程，不仅涉及文化和科技领域的自身发展，还包括二者在经济、社会、环境等多方面的深度融合与协同进化。在推动科技进步的同时，要充分尊重和利用文化资源，实现二者在更高层次上的融合与创新。这种重构呈现出文化与科技相互依存、共同演化、整体优化等特征。

文化与科技相互依存。文化和科技不再是"两座遥遥相望的孤山"，而是必然会在"山顶相遇"的"姊妹峰"。科技为文化创新提供技术支持和传播手段，文化则为科技创新提供创意源泉和应用场景。例如，传统出版行业面临数字化转型的需求，而在线教育平台则需要优质的内容支撑。出版社通过数字化技术将其内容转化为在线课程和电子书籍，而在线教育平台则提供技术支持和市场推广，这样便能够促使双方相互进步和发展，并且为社会提供更加便捷优质的资源。

文化与科技共同演化。在互促共生的过程中，文化和科技不断吸收对方的优点，形成"螺旋式上升"的良性循环。例如，数字技术的发展推动了文化产业的数字化转型，而丰富的文化内容又促进了科技产品的多样化和智能化。如社交媒体与网红经济的互促共生，社交媒体平台不断优化其算法和功能，以满足网红和品牌的需求；而网红品牌则在技术的支持下，创造更优质的内容来吸引粉丝，增加平台活跃度和商业价值。

文化与科技整体优化。通过文化和科技的深度融合，其运营的生态系统实现了整体上的优化和重构。如中关村国际创新中心位于北京海淀区"三山五园"（"三山"：香山、玉泉山、万寿山。"五园"：静宜园、静明园、颐和园、圆明园、畅春园）

历史文化区与中关村科学城核心区交汇处，畅春园地区将打造为"畅春新园"科技文化集聚区。这一区域不仅有圆明园、颐和园等历史名胜，还拥有清华、北大等国内顶尖高校和众多顶级科研机构，文化和科技在这里交融，形成了良好的发展生态。这种生态重构远远不是两者的融合互促这么简单，而是涉及许多不同的主体，如高等教育机构、科研机构等等。因此互促共生下的生态重构，应当加强对整体生态的关注，让各个主体在相互促进的过程中共同发展。

076

第 2 章

为什么要融合：
必须回答好的时代命题

近年来，文化和科技融合加速演进，其速度之快、辐射范围之广、影响程度之深前所未有，一场涉及政治、经济、社会、文化等方方面面的大变革扑面而来。抓住历史变革机遇，顺势而为推动文化和科技融合发展，已经成为在新的起点上继续推动文化繁荣、建设文化强国、建设中华民族现代文明的一道必答题。

一、大势所趋：一场扑面而来的大变革

当前，文化和科技深度融合正在成为重组全球要素资源、重塑全球经济结构、重构全球竞争格局的关键力量，也正在加速人类生产生活方式、思想观念、社会组织结构等方面的系统性革新，即将引发一场"工业革命"般的史诗级变革。

1. 推动全球产业和国际竞争格局深度调整
2. 深刻改变文化创作、消费和传播方式
3. 深刻改变社会思维方式和交往模式

二、国家所需：不容错失的重大战略机遇

1. 建设中华民族现代文明的战略需要
2. 培育发展新质生产力的客观需要
3. 加快建设国家战略科技力量的现实需要

- 文化和科技融合将提升文化科技创新战略地位
- 文化和科技融合将健全文化科技融合创新体系
- 文化和科技融合将加快形成文化科技战略力量

为什么要融合：必须回答好的时代命题

三、人民所盼：梦幻照进现实的消费新体验

推动文化和科技深度融合发展，从根本上说是为了更好满足人民日益增长的精神文化生活需要，让人民群众充分享有科技赋能文化的红利，以新的技术手段促进文化发展和文化消费。

为人民群众文化消费铺就"升级之路"　为基本公共文化服务弥合"数字鸿沟"

四、安全所系：必须取胜的意识形态主战场

高水平安全是高质量发展的保障，统筹发展和安全是推进中国式现代化的必然要求。

- 有效应对网络平台的意识形态安全风险挑战
- 扭转党管国有平台主流话语权趋弱的被动局面
- 加快构筑国家文化利益和文化主权"防火墙"

一、大势所趋：一场扑面而来的大变革

当前，文化和科技深度融合正在成为重组全球要素资源、重塑全球经济结构、重构全球竞争格局的关键力量，也正在加速人类生产生活方式、思想观念、社会组织结构等方面的系统性革新，即将引发一场"工业革命"般的史诗级变革。

1. 推动全球产业和国际竞争格局深度调整

近年来，文化和科技深度融合发展，既为全球经济增长提供新的澎湃动力，还正日益成为世界科技创新的前沿引爆区。以人工智能、元宇宙为例，全球人工智能产业规模由2019年375亿美元增长至2022年4328亿美元，扩大了10余倍；元宇宙产业规模由2021年1591亿美元增长至2023年4788亿美元，年均增长70%以上。二者均展现出"超摩尔时代"的增长潜力，正在成为全球经济快速增长的新动能。此外，全球虚拟现实、超高清视频、新兴汽车电子等新技术、新产品与人工智能加速交叉集成，孕育出 AIGC、元宇宙、数字人等数字文化前沿技术，成为引领全球科技创新的主流方向。根据《2023年十大新兴技术报告》，全球十大新兴技术中就有6项"文化+科技"技术。

文化和科技融合催生了大量新技术、新产业，也推动了全球生产要素资源重组和经济结构重塑。当前，数字音乐、网络文学、在线影视等新兴产业吸引了大量资本投入。例如，Netflix 等流媒体平台通过技术创新和内容制作吸引了全球投资者的目光，市值不断攀升。2024年7月，Netflix 的股价最高达到 697.49 美元；腾讯和字节跳动等公司在全球范围内布局网络文学和短视频平台，吸引了大量资本的关注和投资。近期，上海企业文化与品牌研究所发布"2024年 TBB 中国品牌价值榜"，字节跳动公司以 9324.12 亿元品牌价值名列百强榜榜首，腾讯公司以 8012.51 亿元品牌价值位列第二。此外，近年来影视动画、数字娱乐、AIGC、沉浸式体验等领域对跨领域人才的需求迅速增长，形成了新的人才汇聚洼地。例如，在制作《冰雪奇缘》等动画电影时，迪士尼动画工作室雇用了大量既具备艺术背景又精通计算机图形学和视觉特效的复合型人才。这些人才在角色设计、场景构建和视觉效果方面作出了重要贡献，使得这部电影在全球范围内获得了巨大的商业成功。

历史发展规律表明，科技的每一次重大变革都会带来社会生产和生活方式的根本性转变，引发全球产业和国际竞争格局的深度调整，同时也会带来一系列重大发展机遇和后发赶超机会。美国投资界将人工智能视为 1980 年的个人电脑、1995 年的互联网，认为若错失这次机会，将重蹈日本 20 世纪与电脑、互联网两大机遇失之交臂而"迷失 30 年"的覆辙。也正因为此，世界各国和跨国大公司纷纷争先布局，力争在文化和科技深度融合这一新兴领域占据制高点、抢占先机。以元宇宙为例，2021 年 5 月，韩国科学技术信息通信部发起成立了包括现代、SK 集团等 200 多家韩国本土企业和机构的"元宇宙联盟"；2022 年 8 月，美国国会研究服务局（CRS）发布了关于元宇宙的报告，强调美国一定要把握这一未来互联网形态的变革机遇，占据全球元宇宙产业链的制高点，美国科技巨头如 Meta、微软、苹果、谷歌、亚马逊、英伟达、Epic Games 等企业竞相加大元宇宙技术研发投入与开展产业布局；中国也将发展元宇宙产业提升到国家战略层面，多地出台元宇宙产业发展行动计划，进行前瞻布局。可以说，一个国家或地区如果能在文化和科技融合上主动下好"先手棋"，必将为其未来发展构筑起压倒性竞争优势。

2. 深刻改变文化创作、传播和消费方式

从历史上看，每一次科技革命都会推动传播革命。当前，新一轮科技革命方兴未艾，尤其是新的信息技术迅猛发展，在文化领域不断催生各类新业态、新应用、新模式，深刻改变文

化创作、传播和消费方式。以文化创作为例，随着人工智能技术的迅猛发展，AIGC 已经成为文化艺术创作的重要手段和工具。AIGC 技术可以让计算机学习和模仿人类文化艺术的创造力与想象力，这种创作方式不仅能够大幅提高文化艺术创作的速度，大量节省艺术家创作的时间与精力。比如，在音乐领域，AIGC 技术可以通过分析大量音乐数据生成新的音乐作品，甚至可以模仿特定音乐家或音乐风格。这为音乐家们拓展了创意思路，并激发了他们与计算机合作进行实验性音乐的兴趣。在绘画领域，AIGC 可以学习大量绘画作品，并生成新的绘画作品，为艺术家提供了更多探索艺术形式和表达方式的机会。在电影制作领域，AIGC 可以帮助导演和编剧生成剧本、特效以及角色设计等。通过分析大量电影数据和情节结构，AIGC 可以为电影制作者提供灵感和建议，并帮助他们更好地理解观众喜好和市场需求。

文化和科技融合不仅改变了文化创作方式，还推动了文化新的呈现和消费方式以及商业模式的诞生。以艺术品市场为例，艺术家和画廊利用 VR 技术创建虚拟展览，使观众可以通过头戴设备远程参观画廊，欣赏艺术作品，并且能够深入了解每一件作品的背景和创作过程。在虚拟画廊中展示的艺术品，不再受限于传统的物理展览空间，而是通过全球网络直接触及更广泛的观众。这种数字化技术不仅拓展了艺术品销售方式，还创造了全新的艺术表达形式，激发了艺术家们无限的创造力。

区块链技术的引入为数字艺术品提供了独一无二的认证，通过NFT（非同质化代币）形式，艺术品的所有权可以被唯一标识，从而防止作品被复制、窜改或非法流通，艺术家可以确保作品的原创性和稀缺性，同时在数字市场上实现作品的价值变现。2021年，纽约佳士得网络拍卖艺术家Beeple的一幅NFT数字艺术品《每一天：前5000天》经过14天的网上竞价，最终以6025万美元落槌，加佣金约6930万美元（约4.5亿元人民币）成交[①]。

此外，文化和科技融合也正在深刻重塑媒体形态、舆论生态和文化业态，推动不同文化和价值观念交流交融交锋以及传播格局和话语场的深刻调整。当前，移动化、社交化与智能化传播技术的发展，正快速改变着传统媒体时代的渠道门槛和国有传媒体制造成的传播壁垒，让不同属性、层级或形态的社会行动者都具备了运营社交媒体的可能，传统的专业媒体的职业权威面临挑战。这种挑战主要来自平台媒体与自媒体的发展。比如，微博、微信等社交媒体平台与今日头条等资讯平台，改变了专业媒体组建传播网络与实现内容分发的传统方式，一定程度上消解了传统专业媒体在议程设置、真相挖掘与舆论引导方面的垄断优势，"网络成为了社会意见汇聚、协商、发酵的

---

① 澎湃新闻：《4.5亿成交的数字作品，佳士得首次拍卖NFT艺术创纪录》，搜狐网，https://www.sohu.com/a/455393739_260616。

场所，传统媒体'为民请命'的角色在很大程度上被互联网所取代"①。另外，平台媒体与自媒体还以其智能化推送机制、社会化传播形态让专业媒体"传者本位"的话语风格面临影响力和传播力衰落的风险，新媒体话语方式表现出的反规则、碎片化、去中心化特点以及嘲讽、质疑语言风格，也一定程度上解构着现有的语法规则和话语结构，极大地重构了传播渠道体系与话语形态。

3.深刻改变社会思维方式和交往模式

2015年5月24日，习近平主席在致国际教育信息化大会的贺信中指出："当今世界，科技进步日新月异，互联网、云计算、大数据等现代信息技术深刻改变着人类的思维、生产、生活、学习方式，深刻展示了世界发展的前景。"② 具体对社会思维方式的影响，一是互联网的迅捷和内容丰富带来学习的快餐化。有学者指出："我们正从个人知识的学习者演变成电子数据丛林中的猎人和采集者。""跳跃式"阅读替代细嚼慢咽，人们丧失了阅读长文章的能力和耐心。二是网络搜索引擎的出现，对人们的思维方式带来冲击。人的记忆方式也在发生变化，更多地选择记忆重要的信息点和信息的获取路径。三是集体思

---

① 陈力丹、林羽丰：《再论舆论的三种存在形态》，《社会科学战线》2015年第11期。
② 《习近平致国际教育信息化大会的贺信》，中央人民政府网，https://www.gov.cn/xinwen/2015-05/23/content_2867645.htm。

维代替个人思维。学者威廉·德莱塞维茨指出：照相机创造了明星文化，计算机创造了联结文化。技术把我们的隐私和注意力拿走了，也把我们离群索居的能力剥夺了。"或许我不应该说剥夺，我们是心甘情愿地，急不可耐地要扔掉这些财富"。互联网使得用户可以寻求他们已经同意的观点或者消息，创造出在线信息隔离区，不同派别和圈子的观点很少混杂[①]。想象一下，如果你每天浏览的新闻、文章、视频等几乎都是经过算法精心挑选的，那么久而久之，你的视野就会变得狭窄，就像被围困在一个只为你量身定制的"信息茧房"里。在这个茧房中，你只能接触到与自己观点相似的信息，而那些不同意见的声音则被屏蔽在外。这样一来，公众的独立思考能力和批判性思维就受到了极大的限制。

在社会交往方式上，随着博客、播客、微博等"自媒体"形式的出现，网络进入 Web2.0 时代。在迅速而便捷的网络信息交流中，广大网民形成了种类繁多、形式多样的网络群体。社交媒体使我们能够与世界各地的人建立联系。通过社交媒体平台，我们可以轻松地与朋友、家人和陌生人保持联系，并分享生活中的点滴。即时通信软件和视频通话工具使得远距离沟通变得更加方便和直观。我们可以随时随地与他人交流，无论

---

① 《网络对思维方式及思想发展的正负面影响》，《北京日报》2012年4月23日。

身处何地①。让我们来看看，一个普通人在一天中是如何进行社交互动的。小李早上醒来后，第一时间打开手机，查看家人的微信消息。她的父母住在另一个城市，每天都会在家庭群聊中分享一些生活趣事。今天，她的妈妈发来了一段早晨散步的视频，展示小区里盛开的花。小李通过群聊快速回复了一句"真美！"并发了一个点赞表情。随后，她刷了刷朋友圈，看到了朋友分享的健身成果和早餐美食，留下了几句评论。在上班途中，小李利用 LinkedIn（领英）浏览行业动态，并通过即将参加的会议群组了解最新议程安排。在工作中，她使用即时通讯软件与团队沟通，讨论项目细节。中午时，她与在国外留学的好朋友视频通话，两人聊了各自最近的生活和学习情况。这次通话虽然只有短短几分钟，但让她感觉与远方的朋友依然亲近。晚上回到家，小李拍了几张自己做晚餐的照片，上传到朋友圈，并在配文里写下了今天的心得体会。她的朋友们纷纷点赞、留言，一些人还给出了改进菜谱的建议。临睡前，她与家人视频通话，互道晚安。小李的一天中，社交媒体无处不在，她通过这些平台满足了日常社交、工作沟通、情感支持和兴趣交流的多重需求。

在社交媒体的帮助下，那些分布在世界各地的人找到了归

---

① 川野谈感悟：《科技与社交互动：当数字化改变我们的人际关系》，搜狐网，https://it.sohu.com/a/740783756_121848495。

属感和社群意识。例如，远离家乡的侨民可以通过社交媒体加入特定的群组，与同在异乡的人分享信息、互相支持。同样，罕见病患者可以找到与自己状况相似的人，交流治疗经验，获得情感支持。同时，这种开放性的共享文化促进了理解的深化，当人们阅读他人的故事和观点时，他们能从多元的角度思考问题，感受不同的情感体验，这在很大程度上增强了异质群体之间的共鸣[1]。

---

[1] 赵锦阳：《数字时代的人际关系：社交媒体对人与人之间连接的影响》，中国网，https://t.m.china.com.cn/convert/c_mtT0m4pV.html。

二、国家所需：不容错失的重大战略机遇

当今世界正经历百年未有之大变局，我国正处于实现中华民族伟大复兴的关键时期。习近平总书记指出："只要把握住历史发展规律和大势，抓住历史变革时机，顺势而为，奋发有为，我们就能够更好前进。"当前，文化和科技深度融合引发的全球经济社会大变革浪潮扑面而来，我们必须谨记近现代中国与几次工业革命失之交臂的深刻教训，紧紧抓住文化和科技深度融合所蕴含的重大战略机遇，使之成为强国建设、民族复兴的强大助推器。

1. 建设中华民族现代文明的战略需要

习近平总书记强调，在新的起点上继续推动文化繁荣、建设文化强国、建设中华民族现代文明，是我们在新时代新的文化使命。坚持文化铸魂、科技赋能，以改革的方式，大力推进文化和科技深度融合，是贯彻落实习近平文化思想、增强文化

软实力、建设中华民族现代文明的关键之策。

文化和科技融合为中华文明赓续传承创造新载体。中华文明是世界上唯一绵延不断且以国家形态发展至今的伟大文明，更是中华民族生生不息、发展壮大的丰厚滋养，其蕴含的思想精神和价值观念是中华民族的精神命脉，也是我们在世界文化激荡中站稳脚跟的坚实根基。当前，受工业化与城市化影响，中华文明赓续传承面临载体碎片化、技艺断层化、传承单一化等现实问题。文化和科技融合发展，可以借助科技的力量，运用新科技新载体，加快实施国家文化数字化战略，真正让收藏在博物馆里的文物、陈列在广阔大地上的遗产、书写在古籍里的文字都活起来，更好推动中华优秀传统文化创造性转化、创新性发展，让中华文化展现出永久魅力和时代风采[①]。例如，敦煌研究院提出"数字敦煌"的理念以来，已完成莫高窟290个洞窟的高精度采集，完成162个洞窟的全景漫游节目制作和7处大遗址的三维重建等，形成了数字化摄影采集、洞窟三维重建、洞窟全景漫游等海量数字化资源，对历史文化遗产保护和传承起到了关键作用。长沙通过积极推动马王堆汉墓等珍贵文化资源的数字化包装与创作、多媒介推广与云传播，打造相关的音乐、影视、舞台剧、动漫等演艺产品，使汉代文化得以重现。

---

① 曲青山：《深入学习领会习近平文化思想》，《学习时报》2023年10月23日，A1版。

文化和科技融合为中华民族现代文明标注新高度。数智时代，文化和科技牵手奔赴，擦出现代文明新火花，俨然成为建设中华民族现代文明的重要引擎。然而，受文化领域关键核心技术"卡脖子"的影响，中国"软实力"与现代"硬科技"尚未能很好结合。譬如，中国产熊猫，却拍摄不出《功夫熊猫》；中国有京剧，但一万场海外巡演，也抵不过一部《美国队长》的创收，比不过一部《小猪佩奇》的影响。要解决这些问题，亟待加快推进文化和科技融合，让科技创新为中华民族现代文明建设注入强劲动力。党的十八大以来，中国文化的国际传播效果和影响范围与日俱增，其中科技创新的支撑作用功不可没。从高技术集成的熊猫模型和舞蹈机器人在平昌冬奥会闭幕式上共塑的"北京8分钟"，到北京冬奥会开幕式"人类的雪花"对人工智能、云计算、数字孪生等技术的规模化应用，再到中央广播电视总台"央博"数字平台用前沿科技传播中华优秀传统文化的不懈探索，无不展现出科技创新助推中国文化辐射全球的强大力量。[1]

文化和科技融合为中华文明交流互鉴提供新机遇。中华文明既是民族的，也是世界的。但是近年来，从孔子学院关闭到TikTok受阻，再到文化节展、文艺作品难以走出国门、影响世界，

---

[1] 方力、刘光宇：《以科技创新赋能新时代文化建设》，《光明日报》2023年9月15日，第2版。

反映出我国"文化出海""文明出圈"依然面临不少问题和挑战，整体缺乏核心话语权和文化影响力，加快推进文化和科技深度融合，将成为加强国际传播能力建设、加快中华文化扬帆出海的重要抓手。当前，新一轮科技革命和产业变革正孕育兴起，科技创新成为中华优秀传统文化走向世界的重要推动力，加快文化和科技融合，运用科技赋能文艺作品、文创产品，通过引入新技术手段、创建新应用场景、塑造新文化载体，更加生动鲜活地讲好中国故事、推介中国文化，以润物无声、潜移默化的方式更为有效地推动中华文化走出去，为中华文化交流与文明互鉴创造新活力，切实增强国家文化软实力和中华文化影响力。2023年初，ChatGPT在全球范围的大热让社会各界意识到了生成式大语言模型在人工智能时代的强大传播力和影响力，百度"文心一言"、华为"盘古"、腾讯"HunYuan"、阿里巴巴"通义"等基于中文数据训练的大语言模型正处于快速成长阶段，未来或将成为中华文明主要内容的生产和传播平台。[①]

2. 培育发展新质生产力的客观需要

习近平总书记指出，发展新质生产力是推动高质量发展的内在要求和重要着力点。新质生产力是创新起主导作用，摆脱传统经济增长方式、生产力发展路径，具有高科技、高效能、

---

① 高子毅：《人工智能技术赋能中华文明国际传播》，《南京日报》2024年3月27日，第A11版。

高质量特征，符合新发展理念的先进生产力质态。文化本质是一种生产力，也是最富于创新和最需要创新的领域。文化和科技深度融合，将以科技创新为驱动，突破算力、算料、算法等瓶颈制约，实现劳动者、劳动资料、劳动对象及其优化组合的跃升，加快培育和发展形成新质生产力。

文化和科技融合是发展新质生产力的应有之义。新质生产力的"新"，具体表现在依托于新技术、新产业、新业态和新领域的先进生产力，特别是跨界协同和融合基础上形成的新的先进生产力。文化和科技的融合促进了新质生产力的形成和发展，已然成为当前新质生产力发展的重要方面。一方面，文化和科技融合有利于催生大量新技术、新产品。例如，虚拟现实技术能够提升文化的表现力，人工智能技术能够增强文化体验的交互性，5G 连接起海量的文化数据资源，大数据推动实现文化内容的图谱化和可视化，物联网使文化场景更具感知力。在数字技术的推动下，数字影像、数字娱乐、数字设计、数字版权、数字艺术品交易、虚拟现实、增强现实等新型文化产品层出不穷，数字出版、数字演播、数字演艺、数字印刷等新型传播方式日新月异。[①] 另一方面，文化和科技融合，有利于促进新产业、新业态持续涌现。比如，网络文学、短视频等，都是以数字技术和互联网为依托形成的文化新业态，"云上展馆""数字景区"

[①] 吴红：《推动文化和科技融合》，《人民日报》2024 年 5 月 29 日，第 9 版。

打破了参观游览的时空限制，拓展了受众覆盖面，实现了传统文化业态的迭代升级。

文化和科技融合为培育发展新质生产力注入新动能。2020年9月，习近平总书记在湖南长沙考察调研时指出，"文化和科技融合，既催生了新的文化业态、延伸了文化产业链，又集聚了大量创新人才，是朝阳产业，大有前途"[1]。习近平总书记的讲话指明了文化和科技融合是发展新质生产力的关键路径之一，也为形成新质生产力提供了创新动能。在网络技术、多媒体技术等高新技术的带动下，文化产业不断形成新的表现形式，包括数字内容产业、网络文化产业、虚拟现实和增强现实产业等。这些新兴文化产业通过大数据分析、云计算、人工智能等科技手段，实现了文化内容的创新和传播方式的革新。同时，科技创新也加速了新兴文化产业的市场拓展和商业模式的创新，使其成为经济增长的新动力。[2] 从技术层面看，当前我国文化共性关键技术研发能力不强，核心技术"卡脖子"风险长期存在，人机交互、混合现实、大模型、AIGC等关键技术研发相对落后，特别是可视化呈现、互动化传播、沉浸化体验技术应用系统平台与国家算力服务体系建设滞后，亟待加快补齐我国文化共性

---

[1] 新华社：《习近平在湖南考察时强调：在推动高质量发展上闯出新路子 谱写新时代中国特色社会主义湖南新篇章》，新华网，http://www.xinhuanet.com/politics/2020-09/18/c_1126512380.htm。
[2] 张钟文：《推动文化科技深度融合》，《经济日报》2024年5月29日，第3版。

关键技术和文化数字化基础设施短板，形成以数字化、网络化、智能化为特征的"新介质"劳动资料，以原创性、颠覆性科技创新，为培育发展新质生产力提供优质动能①。

　　文化和科技融合为新质生产力把握住人文价值的"守正"之道。新质生产力是一种基于创新不断迭代发展的先进生产力，其本质还是工具价值，因而需要人文价值的规范和指引。坚守人类伦理道德与人文情怀，是科技与文化融合发展的生命线与底线，既要增强文化和艺术的多样表达与丰富内涵，又要在传播过程中尊重受众的隐私与数据，更要明确技术应用的边界与范式，在遵循科技伦理原则与法律法规的基础上，引导科技"向善"、文化"向优"。② 比如，人工智能是当前最受关注的先进生产力代表，但这种革命性的新技术及其具有的强大生产力效应对人类社会具有某些直接或间接的威胁。目前，人工智能技术被滥用的危害主要有传播虚假信息、侵害个人权益、攻击网络安全等，潜在或间接的威胁就更复杂，比如大规模失业、算法偏见不公、国际技术霸权对抗等。③ 由此，如何规范人工智能技术应用并最大限度地降低人工智能的过度发展可能给社

---

① 胡代松：《加快培育文化与科技融合发展的新质生产力》，《新湘评论》2024年第6期。
② 杨乘虎：《"文化＋科技"，激发艺术生产的创新活力》，《光明日报》2024年4月10日，第7版。
③ 魏鹏举：《作为新质生产力的文化科技融合与人文经济发展》，《福建论坛（人文社会科学版）》，2024年第6期。

会带来的危害，是培育和发展新质生产力中亟待解决的问题，加快文化和科技融合，不仅可以规避现代高科技可能带来的危害，而且可以指引新质生产力在改善人类福祉、提升总体人文价值方面发挥积极作用。

3. 加快建设国家战略科技力量的现实需要

习近平总书记指出，世界科技强国竞争，比拼的是国家战略科技力量。国家战略科技力量主要由国家实验室、国家科研机构、高水平研究型大学、科技领军企业构成。打造国家战略科技力量，关键是要完善国家创新体系。党的二十大报告强调，要完善科技创新体系，提升国家创新体系整体效能。[①] 目前在国家创新体系当中，没有充分体现文化科技融合创新的重要地位，与新时代党的科技事业发展的要求、与党的文化事业和文化产业发展的要求还不相适应，推动文化和科技融合，是培育国家战略科技力量的固本培元之策。

文化和科技融合将提升文化科技创新战略地位。文化科技创新既是文化繁荣发展的内在要求，也是科技进步与社会发展相互融合的重要标志，在国家发展战略层面占有重要地位。而目前在国家发展战略中，并没有充分体现文化科技创新的地

---

① 习近平：《高举中国特色社会主义伟大旗帜 为全面建设社会主义现代化国家而团结奋斗——在中国共产党第二十次全国代表大会上的报告》，新华网，http://www.xinhuanet.com/politics/cpc20/2022-10/25/c_1129079429.htm。

位。比如，在国家中长期科技发展规划当中，并没有针对文化科技创新发展做顶层设计；在国家重大科技计划当中，也没有文化科技创新的专项计划；科技创新新一轮中长期发展规划、"十四五"规划及国家重点研发计划中，仍将文化科技与现代服务业合并部署，文化科技相关重点领域和关键环节的布局相较其他科技领域有一定差距，这导致文化科技重大创新平台和项目布局依旧不"足"，协同创新体系依旧不"畅"，关键技术和核心装备的重大科学和底层技术问题依旧被"卡"，迫切需要在国家科技中长期发展规划与国家重大科技计划中补上"文化科技创新"这一重要板块，通过文化和科技融合，把文化科技创新摆在国家创新发展战略中更加突出的位置，提升国家创新体系顶层设计的科学性与完整性。

文化和科技融合将健全文化科技融合创新体系。完善文化科技融合创新体系是顺应全球文化科技发展规律的关键之举。2022年8月，中共中央办公厅、国务院办公厅印发《"十四五"文化发展规划》，明确提出要把先进科技作为文化产业发展的战略支撑，建立健全文化科技融合创新体系。2024年7月，党的二十届三中全会通过《中共中央关于进一步全面深化改革 推进中国式现代化的决定》，指出科技是中国式现代化的基础性、战略性支撑，必须深入实施创新驱动发展战略，强调要探索文化和科技融合的有效机制。加快文化和科技融合，无疑将充分拓展文化科技融合创新的力度、深度和广度，激发全民族文化创新创造活力，有利于健全面向世界科技前沿、面向经济主战场、面向国家重大需求、面向人民生命健康的文化科技融合创新体系，更好实现提升国家文化软实力和中华文化影响力，建设社会主义文化强国的改革目标。当今世界正处在大发展大变革大调整时期，各种思想文化交流交融交锋更加频繁，用科技手段维护意识形态安全的任务复杂而艰巨，只有不断以先进适用技术赋能文化，才能最大化释放文化内容背后的价值导向和核心观念，掌握文化创造创新主动权、增强国家文化软实力。而现实中我国无论是企业为主体的技术创新体系，还是科研机构和高校为主体的知识创新体系当中，都没有充分体现文化科技融合创新的重要性。亟待推进文化和科技融合，加快科技创新向文化领域的拓展与延伸，探索建立高效协同的创新体系，构建覆盖重点领域和关键环节的文化和科技融合创新体系[①]，充分发挥文化科技融合创新在引领产业发展、推动文化传承传播、提升国家竞争力、促进社会全面进步等方面的作用。

文化和科技融合将加快形成文化科技战略力量。文化是一个国家、一个民族的灵魂[②]，科技创新是人类社会发展的重要引擎。当前，全球经济社会发展越来越依赖于理论、制度、科

---

① 《科技部、中央宣传部、中央网信办、财政部、文化和旅游部、广电总局印发〈关于促进文化和科技深度融合的指导意见〉的通知》，国科发高〔2019〕280号。
② 习近平：《决胜全面建成小康社会 夺取新时代中国特色社会主义伟大胜利——在中国共产党第十九次全国代表大会上的报告》，中国政府网，https://www.gov.cn/xinwen/2017-10/27/content_5234876.htm。

技、文化等领域的创新，国际竞争新优势也越来越体现在创新能力上[①]。文化科技融合是文化强国和科技强国两大战略的双重叠加，由此形成的文化科技战略力量是国家战略科技力量的重要组成部分。而加快形成文化科技战略力量亟待通过文化和科技融合，一方面，构建和强化以国家实验室、国家科学技术研究开发机构、高水平研究型大学、科技领军企业为重要组成部分的国家战略科技力量，在文化科技融合关键领域和重点方向上发挥战略支撑引领作用，提升重大原始创新效能。另一方面，统筹各类创新主体、直面重大科学和底层技术问题，以文化科技融合战略科技力量为牵引，广泛集聚各方科技优势力量，不限于某项具体技术指标的突破，形成体系化的科技创新能力，加快培育和形成国家文化科技战略力量，持续赋能国家战略科技力量体系化发展。

[①] 闻言：《加快实现高水平科技自立自强，胜利推进强国建设、民族复兴历史伟业——学习习近平〈论科技自立自强〉》，《人民日报》2023年9月8日，第6版。

三、人民所盼：梦幻照进现实的消费新体验

更高层次、更高品质、更加多元的精神文化生活需要，是人民对美好生活的向往的重要内容。当前，我国高品质文化产品与服务仍存在供给严重不足的困境。推动文化和科技深度融合发展，从根本上说是为了更好满足人民日益增长的精神文化生活需要，让人民群众充分享有科技赋能文化的红利，以技术手段促进文化发展和文化消费。

1. 为人民群众文化消费铺就"升级之路"

当前，人民精神文化消费呈现出需求多样化、内容创意化、体验沉浸化、媒介智能化、时空虚拟化等新趋势，特别是年轻人的文化消费理念发生明显改变，高品质文化产品和服务存在供给不足的矛盾，亟待通过文化和科技融合发展，丰富文化消费总量、优化文化消费结构、提升文化消费质量，为人民群众的文化消费提供充分选择、个性满足和体验升级。

文化和科技融合将更好满足品质化文化消费需求。当前，科技和产业变革深入发展，人民对精神文化产品供给提出更高要求，盼望更丰富的精神文化生活，追求更丰富的文化内涵和精神境界，文化消费结构逐渐向发展型、享受型升级，更加注重获得感、幸福感、安全感等"软需求"。同时，随着人民群众的科学素质、人文素养的提高，艺术鉴赏、审美能力的提升，期待有思想内涵、内在品质的精品力作，超越单纯的感官刺激、视听享受，追求满足型品质生活[1]。但受设施装备、业态、技术场景等水平所限，高品质文化产品和服务难以充分满足人民群众的文化消费需求。推进文化和科技融合发展，将有助于推动数字技术全面赋能文化产业，促进高新技术广泛渗透到文化产业的生产、传播、消费、体验等各个环节，培育新的文化业态并赋予传统文化艺术新的内容、新的形式和新的感受。如通过应用裸眼3D、VR、AR互动体验等技术，为广大受众提供可知、可感、可触摸、可品鉴的沉浸式体验，更好满足人民群众对高层次精神文化生活的期待。

文化和科技融合将更好满足多样化文化消费需求。当今时代，人们的文化消费需求内容涵盖很广，包括教育、文化娱乐、体育健身、文化旅游、休闲观光等，既可以是读书观影、赏花游园、书法绘画，也可以是演唱会、音乐会、话剧歌剧、舞蹈

---

[1] 张超：《精准把握新发展阶段人民群众文化新需求》，《群众》2021年第4期。

戏曲，更可以是搭上"数字东风"的多媒体游戏动漫和可穿戴智能文化设备[①]。随着思想观念更解放、科学技术更进步，人民群众的精神文化需求更加多元多样，精神文化需求的层次性进一步显现，人们期待着更多更丰富多彩的精神文化产品出现，期待精神文化产品的品种更丰富、文学艺术作品的形态更多样。从满足人民群众多样化文化需求看，推进文化和科技融合，将促进现代高新科技的发展和应用，特别是信息技术的全面普及，将极大拓宽文化的传播途径，而以数字和网络技术为基础的影视制作等形式也日益丰富，不仅能拓展广大人民群众的文化消费方式，还能激发全民文化消费的活力。例如，中国国家博物馆的"华彩万象——石窟艺术沉浸体验"让石窟艺术得到全新演绎。"5G大运河沉浸式体验区"成为扬州中国大运河博物馆人气最旺的"打卡"点。潮州涵碧楼引入虚拟现实（VR）、增强现实（AR）技术还原历史场景，讲活红色故事……

文化和科技融合将更好满足个性化文化消费需求。厚重文化需要青春表达，文化和科技深度融合为年轻人个性化文化消费开启了"智慧之门"。据统计，"90后""00后"等Z世代群体已成为中国文化消费主力，盲盒、球鞋、国潮、"剧本杀"、Cosplay、元宇宙等成为热词。Z世代的崛起也影响着全球数字

---

① 清风：《人民财评：打造新业态充分满足文化消费需求》，人民网，http://opinion.people.com.cn/n1/2024/0427/c1003-40225110.html。

化趋势与走向。作为"网生一代",互联网是其与生俱来的生活常态,既可以通过上网来研究发现品牌和产品,也可以沉浸在实体店购物、社交,既可以通过抖音、B站和小红书"追星""种草",也可以沉浸在"剧本杀""密室逃脱"及"沉浸式演艺"中体验文艺人生①。QuestMobile 数据显示,截至 2023 年 7 月,"90 后""00 后"在短视频行业中消费占比分别达 14.6% 和 19.1%,在线视频占比分别达 14.7% 和 23.3%,电影演出行业占比分别达 31.8% 和 41.9%,手机游戏行业占比分别达 22.6% 和 27.2%。面对 Z 世代消费新风尚,传统文化产品、同质化产品服务已难以满足,通过文化和科技深度融合,将创造更多具有体验式、沉浸式、互动式消费新场景、新业态和新模式,提供更具个性化、智能化的新型文化产品和服务,不断满足年轻群体个性化文化消费新追求。

2. 为基本公共文化服务弥合"数字鸿沟"

文化和科技都是为人服务的。推动文化和科技深度融合,运用先进科技手段,促进基本公共文化服务均等化、精准化优质供给,将有效弥补城乡、地域、代际之间的"数字鸿沟",能够更好满足人民的精神文化需求,让人民群众拥有更多的文化获得感、满足感。

---

① 卜希霆:《数字科技赋能 文化消费不再是"少数人的享受"》,《新京报》2022 年 7 月 27 日,第 B02 版。

首先，文化和科技融合有利于高质量建设现代公共文化服务体系。现代公共文化服务体系建设承载着人民群众对美好生活的向往，高质量建设现代公共文化服务体系，是落实国家文化法律政策、保障人民文化权益、改善人民生活品质的内在要求，是繁荣发展文化事业、满足人民文化需求、建设文化强国的重要途径[①]。

文化和科技融合发展，将为我国现代公共文化服务体系高质量发展提供全新范式，有利于加快文化专用装备、软件、系统的研发应用，推进公共文化服务创新手段，提高效能。一方面，可以更好推进公共文化服务数字化建设，统筹推进国家文化大数据体系、公共文化云等建设，扩大优质公共文化产品的覆盖面，拓展数字文化消费新场景，发展网络视听、线上演播、数字艺术展示等新业态。另一方面，有助于提升公共文化服务现代传播能力，运用宽带互联网、移动互联网、广播电视网、卫星网络等手段，拓宽公共文化资源传输渠道，促进高清电视、互动电视、交互式网络电视（IPTV）、手机电视等新业务发展，加快构建现代文化传播体系。例如，素有"华夏先驱、九州圣迹"之美誉的老子故里河南周口市，依托国家公共文化云、河南省"文化豫约"平台，构建互联互通的一站式数字文化服务云平

---

① 朱仁显：《更好满足人民群众高品质文化需求》，《光明日报》2024年5月6日，第5版。

台，已免费向公众开放28万册电子读物、3000部有声读物、6000部动漫视频、113种电子期刊等数字内容资源，全市文化数字化云服务水平显著提升，同时围绕享活动、订场馆、看直播、学才艺、赶大集、读好书六大核心功能，打造面向儿童的AR互动体验区和面向青少年的VR虚拟现实体验区，实现多源信息融合的、交互式的三维动态视景和实体行为的系统仿真沉浸式环境，推进公共文化服务走上"云端"、落在"指尖"。

其次，文化和科技融合有利于增强公共文化服务的均衡性和可及性。党的二十大报告提出要"健全基本公共服务体系，提高公共服务水平，增强均衡性和可及性，扎实推进共同富裕"[①]。当前，我国区域城乡公共文化服务数字化发展水平不均衡，尤其是县级公共图书馆、文化馆、博物馆、美术馆、非遗馆等公共文化资源数字化建设相对滞后，公共文化网络平台、公共文化服务智慧应用场景供给不足。公共文化资源受到时空限制，难以充分满足人民群众日益增长的精神文化需要。推动文化和科技深度融合，将有效提升公共文化服务数字化水平，打通智慧文化服务"最后一公里"，增强公共文化服务的到达率、及时性，有利于缩小区域、城乡、校际差距。

通过运用新一代信息技术，借助数字化手段，建设智慧文

---

① 《中国共产党第二十次全国代表大会文件汇编》，人民出版社2022年版，第39页。

化服务平台，推动打通各层级公共文化数字平台，构建互联互通、资源共享的服务网络，缩小城乡间的数字鸿沟。以数字农家书屋为例，河南省有超过64万农民通过数字农家书屋看书、听戏、阅报。最受欢迎的是豫剧，点击量位居所有内容之首。不少农民用手机下载戏曲节目，一边干活一边听。与实体农家书屋相比，数字农家书屋的资源是海量的。河南数字农家书屋阅读平台可提供10万册电子书、2000个听书品种、3000种期刊、50万分钟视频，此外还集成了多家网站以及10余种报刊的媒体资源，群众的选择面大大拓展[①]。

最后，文化和科技融合有利于增强公共文化服务的精准性和实效性。习近平总书记强调："完善充实服务事项，提高为民服务水平，增强为民服务的精准性和实效性。"我国文化资源日益丰富，群众的文化选择空前广泛，而当前，我国的公共文化需求正在向更高层次发展，当群众呼唤动态的、社交化的文化服务时，公共文化服务就不能全都是静态的、非社交化的读书、看报、看电影，当群众习惯于从移动互联网上获取资讯和娱乐时，公共文化服务就不能仅停留在物理空间，而提升公共文化服务的效能，就必须重视群众在文化需求方面发生的变化，掌握服务对象的特点和需求[②]。

---

① 李力：《用数字化赋能公共文化服务》，《人民日报》2022年4月6日，第14版。
② 张贺：《公共文化服务需要"精准供给"》，《人民日报》2019年8月20日，第5版。

推动文化和科技深度融合，充分利用大数据、云计算、物联网、5G 等新一代信息技术，将有助于及时准确掌握人民群众精神文化需求的变化，推动公共文化服务向订单式服务、互动式服务转型，为优化公共文化服务方式提供直接依据。同时，运用现代科技手段，借助新的传播形式、传播渠道，面向人们的精神文化新需求，创新线上线下服务模式，拓展公共文化服务数字化应用场景，提升服务效率和效果，让人们更精准、更有效地获取公共文化服务。例如，北京市海淀区永定路街道"永定文坊"图书馆设备，依托公众号平台和小鹅通，开展云端课堂和线上打卡等，后续，积累成功经验，可以持续通过微信公众号、视频号、抖音号等数字平台发布云竞猜、云赛事、云展览、云征集、云拜年、云课堂、云剧场、云展播等各类活动，并通过数字化建设，实现服务的精准化供给，给老年人、儿童、残障人士、国际人士等不同类型的人群提供更多适宜的数字化公共文化服务产品。

四、安全所系：必须取胜的意识形态主战场

高水平安全是高质量发展的保障，统筹发展和安全是推进中国式现代化的必然要求。当前，在文化和科技融合领域特别是互联网传播领域，西方技术霸权大行其道，非国有资本"跑马圈地"已然成势，意识形态安全面临的风险不断加大，给国家总体安全和发展带来了一系列新挑战。面对新形势、新挑战，既要推进意识形态工作理念、内容、形式、方法、手段全方位创新，同时也要加快推进文化和科技融合发展，把互联网思维和信息技术应用系统贯穿到宣传文化思想和意识形态工作中，实现全面彻底的数字化赋能、信息化转型。

1. 有效应对网络平台的意识形态安全风险挑战

意识形态领域的斗争是没有硝烟的暗战。在传统媒体时代，媒体不仅是信息的生产者，而且是信息的把关者。信息的传播遵循"先过滤后发布"的原则，新闻从业者在信息的生成过程

中发挥着重要的作用，有着严格的标准和规范来确保信息的质量和准确性，主流媒体通过对分发渠道的管理和传播规模的控制，掌控着舆论的主导权。然而，随着网络信息化时代的到来，信息的生产传播发生了根本性的变化：信息的生产权和传播权逐渐向普通公众转移，社会各主体都可以通过网络平台发布信息、制造内容。这一变化虽然赋予了人们更大的表达自由，却也导致了网络信息的泛滥、信息过载和信息爆炸。无数的声音同时涌现，极大地增加了信息接收者辨别真假、筛选有用信息的难度。在此背景下，互联网平台逐渐承担起了信息分发与传播的功能。凭借其强大的数据采集与计算能力，这些平台能够运用复杂的算法模型对海量信息进行筛选，将符合用户兴趣与偏好的内容精准推送给他们。

在当今网络时代，流量成为衡量网络平台传播效果的最重要指标。流量不仅直接影响平台的经济效益，也成为许多自媒体和内容创作者追求的目标。在"流量至上"和经济利益的驱动下，一些网络平台和自媒体为了吸引更多的关注，转向追求奇观化和景观化的内容生产。这种趋势导致了编造信息、恶意炒作等现象，网络空间充斥着大量低效、谬误性的信息，谣言甚至占据着互联网平台的显著位置，严重侵害网络舆论生态。一些互联网平台、自媒体等在"流量"的追逐中，丢弃了对公共价值的追求，脱离了秩序化传播的轨道，构建了偏向性的信息环境，产生虚假舆论共识①。这些网络平台具备强大的媒体传播功能以及社会舆论动员和操控能力，在带来便利的同时，也带来了意识形态安全的风险，如被境外资本与势力利用与控制，后果不堪设想。

近年来，我国涌现出一大批为用户和第三方商家搭建平台的民营新型网络企业。以抖音为例，它是一家中国的短视频分享平台，由字节跳动公司开发和运营，2016年9月正式上线，目前抖音的日活跃用户数已超过7亿，成为仅次于微信的全民级应用。滴滴公司通过对"快的"和"优步中国"的兼并，市场份额曾经超过90%。在共享出行领域，哈啰出行宣布其全球累计用户已超7.5亿。在互联网外卖领域，美团和饿了么两家公司市场份额合计也超过九成，单家平台企业的用户规模和业务订单量均以亿计，远超行业里的其他企业。这些网络平台集聚了数亿网民，掌握了平台内规则制定权，在事实上承担了日常网络监管、内容审查、违法信息阻止、用户信息保护以及各种服务规则的制定和实施的职责。而且由于掌控大数据这根"社会治理杠杆"，一些网络平台企业还拥有了与政府"讨价还价"的筹码。此外，由于其公关能力突出，在一定程度上能够影响公众舆论。②

---

① 冀翠萍：《守好网络平台舆论阵地》，《理论导报》2023年7期。
② 敖祥菲：《治理新挑战：网络平台企业舆论动员和操控能力很强》，财经国家周刊，http://finance.sina.com.cn/roll/2018-10-26/doc-ifxeuwws8337268.shtml。

在此背景下，亟须推动文化和科技融合发展，加快提升网络平台意识形态安全治理的有效性。一方面，通过大数据、人工智能等互联网信息技术，可以提升洞察网络意识形态领域风险的及时性、精准性，并对网络意识形态领域潜在性、苗头性的风险进行科学评估，对网络舆情的性质、特点、影响范围、危害程度等及时把脉，有助于打好防范和抵御风险的有准备之战，切实控制风险的发生频次和影响范围，将风险消灭在萌芽状态和早期阶段。另一方面，通过建立网络意识形态风险分类分级系统，可以对网络意识形态领域出现的风险根据其内容、性质、特点、影响等进行分类分级，并对引发风险的核心问题进行分析，提供有针对性、切中要害的处置方案。针对境内外敌对势力挑衅攻击、错误社会思潮影响、民生问题和社会事件等不同类型、不同程度的网络意识形态领域风险，可以通过智能监管有的放矢地破解难题，切实降低突发性网络舆情负面影响。

2. 扭转党管国有平台主流话语权趋弱的被动局面

在信息化时代，党管国有平台的主流话语权面临着前所未有的挑战。近年来，非国有资本通过"烧钱 + 补贴"迅速占领市场，加速向社会领域扩张，民营新媒体平台已形成绝对优势。智研咨询发布的《2024—2030 年中国新媒体行业市场运行格局及发展策略分析报告》显示，2023 年 9 月，抖音、微博、快手、哔哩哔哩、小红书五大新媒体平台去重活跃用户规模 10.88 亿人，全网渗透率达 88.9%。预计 2024 年中国新媒体行业市场规模有望从 2020 年的 10548.0 亿元增长到 18317 亿元，其中，网络游戏市场规模占 22.62%；互联网广告占 46.53%；广播电视新媒体业务占 8.20%[①]。新媒体和社交平台的兴起，使得信息传播渠道多样化，传统国有平台的影响力逐渐减弱。一方面，新媒体和社交平台迅速崛起，使得信息传播渠道更加多样化。公众可以通过多种途径获取信息，传统国有平台的垄断地位被打破，影响力逐渐减弱。另一方面，新媒体平台凭借其灵活性和创新性，能够迅速生产和传播高质量的内容，而传统国有平台在这方面相对滞后。此外，公众更加倾向于个性化、互动性强的内容，而传统国有平台难以满足这种需求。

在网络信息化时代，党管国有平台本应抓住科技革命和产业变革历史机遇，锐意改革、不断创新，重新掌握主流话语权。但是，受制于国有企业的管理体制机制以及理念，这些平台在推动发展改革和数智化转型过程中举步维艰、困难重重。推动文化和科技融合发展，做大做强国有文化企业，让主力军挺进主战场，占领主阵地，将扭转当前国有文化企业市场竞争力不强、党管国有平台主流话语权弱化的被动局面，能够在提升内容质量和传播效率的同时，增强自主创新能力和技术竞争力，逐步

---

① 智研咨询：《2024 年中国新媒体行业全景速览：市场规模持续增长，行业发展潜力大》，https://www.chyxx.com/industry/1182080.html。

掌握国际话语权。

3. 加快构筑国家文化利益和文化主权"防火墙"

在当今全球化和信息化迅速发展的背景下,国家文化安全面临着前所未有的复杂挑战。一方面,互联网的普及和社交媒体的兴起使得文化产品和信息以前所未有的速度传播,虽然这为世界各国的民众提供了更多元的文化体验和交流机会,但也可能导致本土文化在信息洪流中被掩盖或淹没,挑战着国家文化自我认同和历史记忆。

<u>一是传统文化记忆的式微</u>。传统文化是民族历史记忆、民族精神的载体,对于增进民族凝聚力、增强国民的国家认同感具有重要作用。在文化标准化、工业化、城镇化、商业化的影响下,许多文化遗产的生存发展遭遇严峻挑战,甚至面临消失的危险,诸多口传心授的非物质文化面临后继无人的窘境。文化遗产的消失严重影响到历史记忆的传承,甚至危及国家文化安全。<u>二是民族记忆书写遭遇挑战</u>。随着经济全球化的不断深入,各国交流日益深入。人们出于工作、学习或旅游的需要可以在全球范围内流动,能够通过网络信息技术迅速获得其他国家经济、政治、文化等方面信息。不同国家对于同一历史事件可能会有不同的集体记忆。借助现代传播手段,他国的历史记忆可以便捷地进入本国国民的精神世界,从而对其原有的历史记忆造成冲击。当人们习惯于从跨民族、跨国家的维度认识和理解

历史时，也在进行着跨民族、跨国家的身份建构，这会对人们的国家认同造成某种程度的分散效应[①]。

另一方面，国际垄断资本主义借助数字技术重塑并输出其文化理念、价值观念和生活方式，迫使发展中国家不只接受成为其经济附庸的事实，更要接受来自西方国家的"精神驯化"。数字帝国主义本质上是文化安全领域的技术霸权。譬如，随着数字技术的发展和数字空间的构建，以美国为首的西方发达国家充分利用 Twitter（推特）、Facebook（脸书）等数字社交传播平台大肆宣扬自由、民主、人权等西方意识形态价值观，将其视为放之四海而皆准的普遍真理，掌控了国际舆论高地。此外，美国多年来一直在向全世界输出以好莱坞电影、美剧等为标志的美国文化，以一种强势的姿态侵蚀其他国家的民族文化。美国电影产量仅占世界总量的 7%，其放映时间却占据全世界的 50% 以上。好莱坞的影视作品反映了美国的生活方式和行为模式，折射了美国的世界观、价值观和文化。好莱坞除了在传统的电影院放映电影之外，还实行"院网同步"，向指定平台投放好莱坞电影。这既是为了谋取更高的经济利益，也是为了在更大程度上扩散承载美国价值观的文化产品[②]。

---

① 吴玉军：《传承历史记忆：国家认同建构的重要路径》，《人民论坛》2019年第3期。
② 汪嘉晨、阎静：《数字文化帝国主义视域下的西方数字文化霸权及应对》，《重庆科技学院学报（社会科学版）》2023年第3期。

习近平总书记指出:"落后就要挨打,贫穷就要挨饿,失语就要挨骂……经过几代人不懈奋斗,前两个问题基本得到解决。但'挨骂'问题还没有得到根本解决。"[①] 推动文化和科技融合发展,其中一项重要任务就是大力发展数字技术、数字基础设施,加快突破文化领域的技术藩篱与"卡脖子"瓶颈,打造具有竞争力的数字社交平台等,推动形成新的包括数字文化传播在内的国际规范和技术标准,打破西方数字文化霸权和不公正不合理的传播体系,与西方数字寡头争夺数字文化国际话语权,推动构建数字文化传播国际新秩序,构筑捍卫文化主权和国家文化利益的"防火墙"。

---

① 习近平:《在全国党校工作会议上的讲话》,人民出版社2016年版,第20页。

第 3 章

融合成什么样：
"五新"呈现

在文化和科技深度融合的进程中，文化新型基础设施的持续完善、新一代信息技术的阶段性爆发、文化装备数字化迭代升级、文化场景对文化消费体验的提升，不断催生出以新产业、新模式为代表的文化新业态，新设施、新技术、新装备、新场景、新业态"五新"成为文化和科技融合的呈现形态。文化新设施是文化和科技融合的基础底座，是发展新技术、新装备、新场景、新业态的软件和硬件的基础支撑。新技术是文化和科技融合的动力源泉，是推动新设施、新装备、新场景、新业态创新的关键所在。新装备是文化和科技融合的工具载体，是服务新设施、新技术、新场景、新业态的重要产品。新场景是文化和科技融合的体验空间，是新设施、新技术、新装备、新业态的系统集成。新业态是文化和科技融合的呈现形式，是发展新设施、新技术、新装备、新场景的最终目标和结果，是文化领域新质生产力的重要表现形态。

融合成什么样："五新"呈现

一、新设施

文化新设施是文化数据要素集聚与流通的重要载体，是推动文化创新的重大平台，是推动文化和科技融合的基础底座。

文化大数据　　国家文化　　文化算力　　文化
基础底座　　　专网　　　　基础设施　　创新平台

二、新技术

新技术主要指基于人工智能、云计算、大数据等新一代信息技术，具有速度快、精度高、功能强大等特点。

人工智能技术　　　云计算技术
新一代互联网技术　人机交互技术
数字孪生技术　　　区块链技术
大数据技术

三、新装备

文化和科技融合新装备是指应用新一代信息技术，进行文化保护、创作、生产、传播、研究和服务等活动的设备和工具，是新设施和新技术的重要载体，是服务新场景和新业态的重要产品。

具身智能　　　　车载音视频装备
3D打印机　　　　可穿戴智能文化设备

四、新场景

文化和科技融合新场景是以人工智能等新一代信息技术为依、以文化资源、设施、装备、空间和创意等要素为核心，打造实现智慧连接、数实融合、价值再造的空间，是新设施、新技术、新装备、新业态的系统集成，主要包括文旅、文博、演艺、游戏、教育等应用场景。

智慧文旅应用场景　　数字文博应用场景
数字演艺应用场景　　沉浸式游戏应用场景
AI教育应用场景

五、新业态

新业态是文化和科技融合的新表现形态，具体表现为新产业、新模式和新集成。

新产业　　　　　　新模式
·网络视听　　　　·文化创作新模式
·数字出版　　　　·文化组织新模式
·动漫游戏　　　　·文化消费新模式
·文化算据　　　　·文化传播新模式

一、新设施

文化新设施是文化数据要素集聚与流通的重要载体,是推动文化创新的重大平台,是推动文化和科技融合的基础底座。文化新设施自下而上主要包括用于数据存储和汇聚的文化大数据基础设施、用于数据传输的文化专网、支持数据分析的算力基础底座、推动文化和科技融合的创新平台。这些高速泛在、天地一体、云网融合、智能敏捷、绿色低碳、安全可控的智能化综合性数字信息基础设施,共同构建起物理分布、逻辑关联、快速链接、高效搜索、全面共享、重点集成的国家文化大数据体系的底座,为文化的传承、创新、传播与交流提供强大的平台支撑。与此同时,文化和科技融合对基础设施提出了前所未有的需求,以需求拉动新设施的发展。

1. 文化大数据基础设施

文化大数据是指文化生产者、经营者、消费者以及研究者在

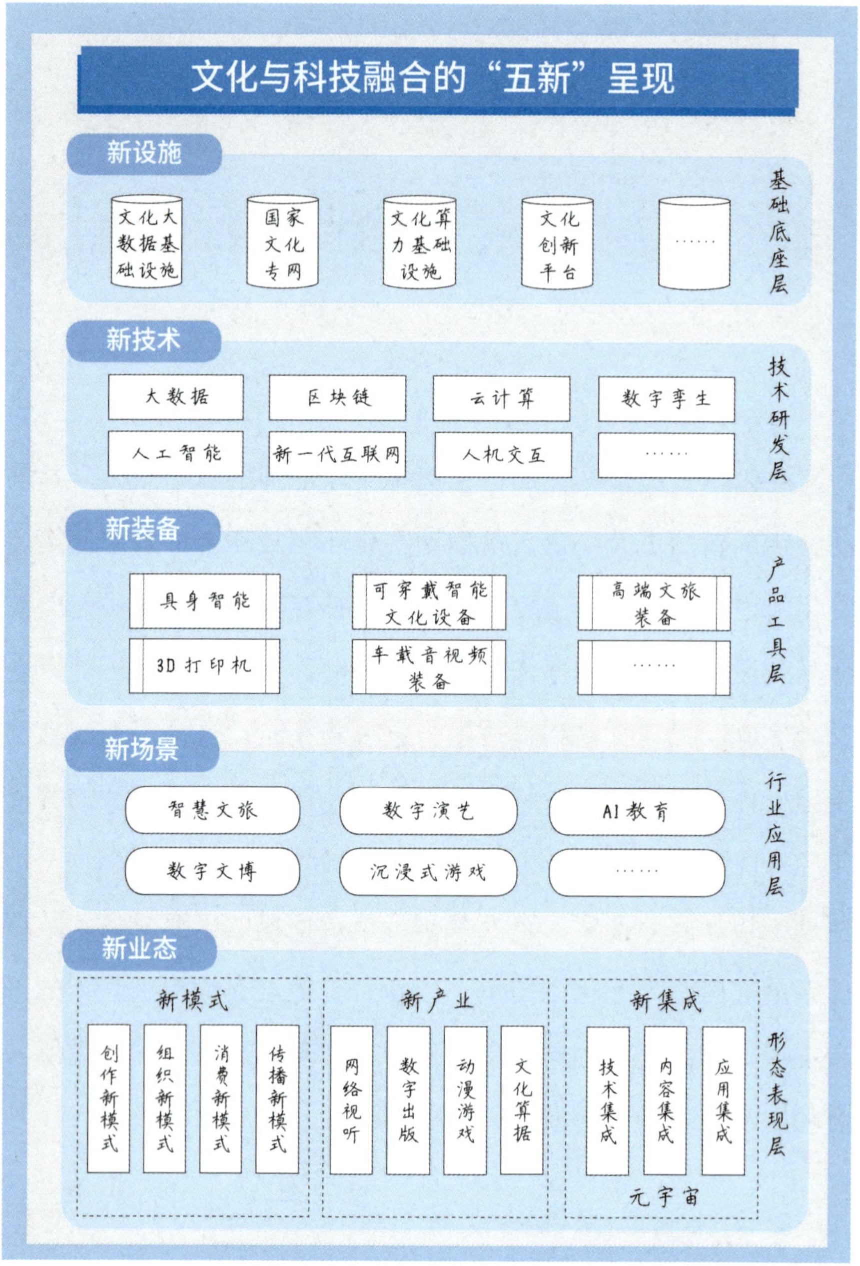

文化与科技融合的"五新"呈现

新设施（基础底座层）
- 文化大数据基础设施
- 国家文化专网
- 文化算力基础设施
- 文化创新平台
- ……

新技术（技术研发层）
- 大数据
- 区块链
- 云计算
- 数字孪生
- 人工智能
- 新一代互联网
- 人机交互
- ……

新装备（产品工具层）
- 具身智能
- 可穿戴智能文化设备
- 高端文旅装备
- 3D打印机
- 车载音视频装备
- ……

新场景（行业应用层）
- 智慧文旅
- 数字演艺
- AI教育
- 数字文博
- 沉浸式游戏
- ……

新业态（形态表现层）
- 新模式：创作新模式、组织新模式、消费新模式、传播新模式
- 新产业：网络视听、数字出版、动漫游戏、文化算据
- 新集成：技术集成、内容集成、应用集成

元宇宙

图1 文化和科技深度融合的"五新"呈现示意图

文化实践过程中所产生的，与文化产品或文化服务的创作生产、传播、市场运营、最终消费过程相关的各类数据总称①。2019年，科技部等六部门发布的《关于促进文化和科技深度融合的指导意见》提出，完善文化大数据基础设施。所谓文化大数据基础设施是指收集、管理、存储和处理文化大数据的一系列设施和平台，其代表有文化数据中心。文化数据中心由数量庞大的服务器、数据库、分布式文件系统、光模块等硬软件设备组成，是新型基础设施建设的重要内容，是收集和存储海量文化数据的"仓库"。它不再是传统意义上的"机房"，已经演变为一个高度集成、高度自动化、高度安全且灵活可扩展的复杂系统，在文化和科技融合中承担着数据枢纽和应用载体的角色。

文化大数据基础设施的主要特征。一是高效性。文化大数据基础设施需要提供强大的数据处理能力，以支持文化大数据快速读取和高效检索。二是可扩展性。文化大数据基础设施可根据文化数据处理和存储需求进行扩展，保证数据容量足够大和运行环境良好。三是多样性。文化大数据基础设施能够支持不同来源不同类型的文化数据存储、清洗、转换、整合和分析，包括结构化数据、半结构化数据和非结构化数据。四是可靠性。大数据基础设施采用冗余存储和备份机制，保证数据的安全性

---

① 张之益：《文化产业创新与视觉生产力：视觉工业前沿探索与案例解读》，光明日报出版社2016年版，第124页。

和一致性，即使在硬件故障或网络中断的情况下也能保持数据的完整性。

文化大数据基础设施的发展趋势。一方面，随着信息技术的不断发展，文化大数据基础设施朝着更大容量、更高性能、更加智能的方向发展，数据处理效率大幅提高，能够实时采集和智能化管理文化资源，推动文化事业和文化产业的创新发展。同时，文化大数据基础设施将更加注重信息安全与隐私保护，更加注重低能耗和绿色发展，打造绿色数据中心。另一方面，通过逐渐完善文化大数据基础设施建设和运营制度，加速构建以行业、区域文化数据基础设施为主体，以企业文化数据基础设施为补充的文化大数据基础设施体系。

2. 国家文化专网

文物数据、古籍数据、地方戏曲剧种、民族民间文艺、非物质文化遗产等文化数据具有高价值性和易复制性，是中国独有的文化符号和精神标识，必须保障文化数据安全及其所有权，基于此考虑，需要建设国家文化专网。所谓国家文化专网是依托现有的有线电视网络设施、广电5G网络和互联互通平台而建立的一个与互联网并行的专用网络。国家文化专网作为文化大数据体系的"纽带"，连接起各文化数据中心、文化数据服务平台、国家文化数据分发中心、国家文化大数据标识注册中心，使文化内容和数据得到高效安全传输，从而实现跨层级、跨地域、跨系统、跨业态的数据流通和协同治理。其中，国家文化数据分发中心作为文化专网与公共互联网连接的主要节点，能容纳多个高性能计算和数据存储节点结构，为全国文化机构提供多网多终端分发服务、数据存储和算力服务。

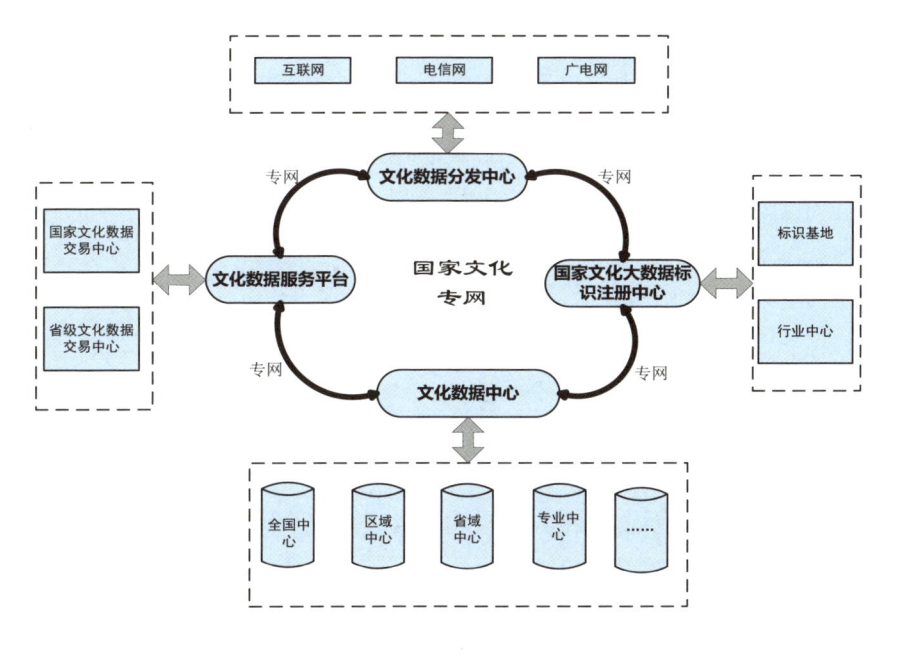

图 2　国家文化专网架构图

与互联网相比，文化专网更能保护文化数据安全。第一，国家文化专网与互联网进行了物理隔绝，是相对独立的线路，以保障文化数据的高效安全传输。第二，文化专网采取所有文化数据汇集和加工在闭环上完成，而生产出来的内容则与互联网对接。第三，在文化专网中，应用了我国主导制定的 ISLI（国际标准关联标识符）标识解析系统，每个数据都有唯一标识符号，未经授权而获取的数据，不被解析系统识别，从而确保数据所有权和数据安全。

随着国家文化专网建设加速推进，越来越多的文化机构接入国家文化专网，其作用日益凸显。与此同时，传统文化企业和机构加快推进数字化转型，并将自有数据库中的文化数据解构成可以交易的素材，通过专网完成文化数据交易与传输。这样一来，国家文化专网将整合越来越多的文化企业和文化机构数据资源，逐步构建全国一体化数据中心，保障数据在数据中心之间及其他终端之间的高效安全流动，实现文化数据资源共享。

3. 文化算力基础设施

算力就是进行计算的能力，也是集信息计算力、网络运载力、数据存储力于一体的新型生产力，主要通过算力中心等算力基础设施向社会提供服务，成为经济社会高质量发展的重要驱动力。算力通常用单位时间内能完成的运算次数来衡量，常见的单位有FLOPS（每秒浮点运算次数）。比如，1EFLOPS（100亿亿次浮点运算）就是每秒能完成100亿亿次计算的能力。截至2023年底，我国在用数据中心机架总规模超过810万标准机架，算力总规模达到了230EFLOPS，位居全球第二。算力基础设施作为算力的主要载体，是支撑文化和科技融合的重要基础设施，对传统文化资源实现数字化转型、大规模文化数据计算、文化新产业发展等方面具有重要作用。

算力基础设施的特征。**一是多元泛在**。算力基础设施不再局限于传统的超级计算机或服务器群，而是涵盖了云计算、边缘计算、量子计算等多种计算形态，系统会根据不同的应用场景和需求，调用不同计算模式进行服务。同时，算力资源渗透到世界的各个角落，在新型网络的支持下，地理分布的算力中心节点被连接起来，系统动态实时感知算力资源状态，进而统筹分配和调度计算任务、传输数据，实现全局范围内感知、分配、调度算力[①]。**二是智能敏捷**。算力基础设施通过集成人工智能等技术，能够自动优化资源配置、预测故障、提高运行效率，具备快速响应和灵活调整的能力。**三是安全可靠**。算力基础设施采用高可用架构设计、冗余部署、故障自动切换、数据加密、访问控制、安全审计等技术，具备安全管理体系和应急响应机制。四是绿色低碳。通过采用节能高效技术、优化数据中心布局和散热设计、利用可再生能源等方式来降低算力基础设施能耗和碳排放。

算力基础设施的发展趋势。**一是算力设施布局科学化**。通过"东数西算"工程、算力设施统筹推进，不断优化算力设施布局，建设一批超算中心，算力综合供给能力不断增强。**二是算力设施智能化**。加快布局大规模自主可控智能算力基础设施，

---

① 许胜，许方敏，赵成林：《基于数字孪生的算力网络自优化技术研究》，《中兴通讯技术》2023年第3期。

提高智能算力占比，建设具有模式识别、机器学习、情感计算等功能的区域性集群式智能计算中心，满足不同应用场景的"潮汐式"分时算力需求，实现网络算力"随算而动"。三是算力运载能力高效化。通过引入 IPv6（互联网协议第 6 版）、SRv6（IPv6 分段路由）等新技术，完善协同调度机制，优化算力网络传输效能，不断提升算力运载力。四是算力网络化。通过构建布局合理、泛在连接、灵活高效的算力互联网，建立多层次算力调度框架体系，整合通用算力、智能算力、超级算力等各种算力资源，强化算力接入网络能力，形成全国一体化算力网络，提升算力请求响应效率。

4. 文化创新平台

文化创新平台集成了人才、技术、资金、设备等创新资源，是推动文化与科技深度融合、促进文化产业创新发展的直接动力，包括实验室、工程中心、孵化器等。它涵盖了文化内容的创作、传播、展示、交流以及文化产业的孵化与培育等多个方面。文化创新平台在文化和科技融合中的主要作用有：其一，整合政府、企业、高校、科研机构等多方资源，形成文化创新生态链。其二，为文化和科技融合提供创新人才和技术支持，推动文化内容的创新设计和创新传播。其三，为文化科技企业提供政策咨询、项目申报、融资、市场推广等一站式创新服务，推动文化创新成果的转化与应用，实现文化产业的商业化运作。

文化创新平台的发展趋势。一是多机构多学科共同推进文化创新平台建设。高校、科研院所、企业等多个主体通过深化合作，成为建设文化创新平台的新趋势。文化与大数据、人工智能、虚拟现实、增强现实技术等多种技术进行融合，因此，需要多个学科知识背景的人才合作，共同突破关键技术。二是文化创新平台迈向更高能级。随着我国文化和科技融合利好政策的叠加，将在文化数字化建设领域布局国家技术创新中心、全国重点实验室等国家科技创新基地，打造一批高能级的文化创新平台。三是文化创新平台的功能更加强大。文化创新平台从资源整合和技术创新扩展到市场对接与孵化、人才培养与交流、数据分析与决策支持、版权保护与维权，延伸了文化与科技融合的服务功能。

二、新技术

新技术主要指基于大数据、云计算、人工智能等新一代信息技术，具有速度快、精度高、功能强大等特点。这些新技术结合形成有机体，类似一个人体结构的智能体，其中，大数据技术犹如流淌的血液，云计算技术如五脏六腑，区块链技术如人类基因，新一代互联网技术如血管经脉，人工智能技术如大脑，人机交互技术如感知系统，数字孪生技术如皮肤、五官等外表，共同组成了文化和科技融合的技术体系。人工智能作为这个技术体系的核心，被"计算机之父"图灵划分为深度学习、增强学习、模式识别、数字搜索、机器感觉、知识工程、自然语言生成逻辑、脑机互动等八个阶段，在 ChatGPT 等大语言模型的推动下，人类社会进入了自然语言生成逻辑阶段，呈现出高度智能化的特点。

1. 人工智能技术

人工智能是一门研究如何使计算机模拟人类智能行为的科学和技术，目标在于开发能够感知、理解学习、推理、决策和解决问题的智能机器。人工智能最早起源于科幻小说《弗兰肯斯坦》对"人造智能生命"的想象，其概念于1956年在美国达特茅斯学院举行的夏季研讨会中被提出。人工智能被提出60多年以来，经历了曲折发展的过程。2010年后，人工智能的发展进入了爆发期，在机器视觉、自然语言处理、机器翻译、生物蛋白质计算等领域均取得了令人瞩目的成就，出现了AlphaGO、AlphaFold等代表之作。2022年底，OpenAI公司发布ChatGPT等大语言模型，将人工智能从"串行计算"时代带入"并行计算"时代，极大地提高了计算效率，促进了人工智能空前繁荣。

人工智能犹如人的大脑，通过学习让机器具备认知功能和自主行为，能够学习理解和生成人类的语言，在文化内容创作、文化研究、文化消费等方面有着广泛应用前景。文化与人工智能的融合发展包括两个方面：一方面，人工智能凭借其出色能力，成为提升文化产业各个环节效能、生产文化数据和产品、促进文化传播的工具，如通过人工智能可以实现对古籍文献的自动翻译和注释，大幅提升文化研究的效率和准确性；大模型生成文案或诗词；等等。另一方面，人工智能之所以能够学习、理解、生成人类的语言，就得益于文化的丰富性为人工智能技术的发展提供了充足的算料。

> **专栏 1**
>
> ### 文化与人工智能融合典型创新案例
>
> **三星堆文物修复**。利用三维数字化技术对文物碎片进行建模，再结合腾讯 PCG ARC 实验室的 AI 技术和算法，模拟专家对文物的拼接思路和过程，实现多个文物碎片的快速对比和拼接。3 号坑出土的顶尊跪坐人像与 8 号坑出土的青铜神兽，通过三维扫描技术"拼对"成功，历经 3000 多年，两件跨坑文物再度组合为一体的大型青铜艺术品。
>
> **AIGC 助力敦煌遗书数字化修复**。AIGC 技术应用于敦煌遗书残卷的图像数字化修复上，打造出 AI 古籍修复模型。在扫描全能王智能高清滤镜算法的加持下，AI 古籍修复模型具备优秀的图像处理能力，可助力古籍文献中存在的模糊、阴暗等图像质量问题的解决。敦煌遗书系列文献中《汉书·刑法志》节选章节的 AI 修复已经呈现给观众。
>
> **"Shadow Art"中国皮影戏的 AI 实验**。在 Shadow Art 中，可通过在笔记本电脑或手机摄像头前摆弄手，形成十二生肖动物的手影。如果手影正确匹配，系统便会将手影转换成相应动物的动画影像。该装置利用 TensorFlow 帮助人们探索皮影戏艺术。

2. 云计算技术

在计算机术语中，"云"是一种比喻说法，用来形象地描述互联网和底层基础设施的抽象。云计算由服务器、存储设备、网络设备等真实的基础设施硬件结合虚拟化手段构成，形成一个庞大的、虚拟化的计算资源和服务集合。用户可以通过互联网获得可用性、可扩展性和灵活性更高的计算资源和服务，其目的是获得高效率计算资源并降低成本。云计算听起来是一个很高端的词，其实并不难理解。我们可以将云计算比作一个远程"大厨房"，当需要做菜时，"大厨房"已经为你准备好了所有的食材、配料和工具，你只需要通过网络连接到这个"大厨房"，就可以使用里面的食材、配料和工具，做成一道道美味佳肴。云计算缘起于分布式计算思想，1990年代末期，应用服务提供商（ASP）提供通过互联网访问托管软件应用程序，是云计算的早期雏形，直到2006年，亚马逊推出了包括计算、存储、数据库、网络等在内的AWS云服务，标志着现代云计算的开始。

云计算可以根据用户需求，通过网络随时随地访问计算资源和服务，"即需即取"地为用户服务，这类似于人体的五脏六腑，按需进行调用。它在文化和科技融合中发挥着重要作用。一是通过部署在云上的数据采集系统，凭借分布式架构和强大的计算能力，能够支持大规模、不间断地抓取、整理并存储文化数据，确保了数据的完整性和时效性。二是文化生产企业和研究机构可以利用云计算处理和分析文化数据，无须本地搭建服务器组，实现计算资源共享和协同工作，提高工作效率和创新能力，降低了成本。三是云计算为高清视频和流媒体内容的分发提供了强大支持，使得用户能够流畅地观看各种视频内容，如网络电影、在线音乐会等，提升了文化消费的品质。

云计算技术将继续向边缘计算、量子计算等方向发展，进一步提升文化数据处理效率。边缘计算使得文化数据处理和内容分发更加高效，减少数据传输的延迟和单点故障的风险，为文化内容的创作、分发和消费带来了显著的变革。比如，视频、直播等需要低延迟的内容分发场景，边缘计算能够显著提升用户体验。量子计算是一种遵循量子力学规律调控量子信息单元进行计算的新型计算模式[1]，它在解决传统计算机无法处理的复杂问题的同时，极大地提升了文化数据资源检索和分析效率。

3. 新一代互联网技术

新一代互联网技术是相对于传统的互联网技术而言，主要是指 IPV6、5G 等技术。其中，IPV6（地址长度为 128 位）是用于代替 IPV4（地址长度为 32 位）的互联网协议，其主要特点包括更大的地址空间、增强的安全性、更好的移动性和服务质量支

---

[1] 李大光：《当前世界量子科学技术的发展与应用前景》，《人民论坛·学术前沿》2021 年第 7 期。

持。如果将互联网看作一个城市，IP 地址就是其门牌号，计算机和智能手机的迅速普及使得这座城市中的用户急剧增多，旧版本的门牌号数量已经接近枯竭，这时，就需要更大数量的门牌号，IPv6 就是这个新版本的"门牌号"。5G 技术是一种具有高速率、低时延和大连接特点的移动互联网技术，于 2019 年首次部署，理论上最高速度可达 10Gbps，比 4G 快 30 倍以上。

新一代互联网技术犹如人体中连接着各个脏器的血管经脉，在文化和科技融合中起着"传送带"和"高速路"的作用。第一，新一代互联网技术为文化数据传输、传播等提供服务，在智慧文旅、文博展览、线上演播等领域得到广泛应用。第二，IPv6 技术扩大了地址数量，支持更多的文化设备接入互联网，也是物联网技术的前提。第三，新一代互联网技术提升了数据传输速率，尤其是视频、在线直播、游戏等大容量的文化内容，极大地丰富文化供给类型、提升文化消费体验。

4. 人机交互技术

人机交互技术是指通过计算机输入、输出设备，以有效的方式实现人与计算机对话的技术[①]，主要包括虚实融合技术、脑机接口技术等。其中，虚实融合技术是一种通过虚拟现实（VR）、增强现实（AR）、混合现实（MR）、扩展现实（XR）

[①] 张诚、张晴晴：《人机交互技术在期刊编辑工作中的应用》，《中国科技期刊研究》2013 年第 3 期。

等手段仿真创建或模拟物理世界，使用户与数字系统之间实现精准互动，为用户营造出一种身临其境的感觉。它是基于计算机的可视化技术，强调现实世界和虚拟世界的交互，通常需要穿戴式设备，如 VR 眼镜、AR 眼镜、触觉手套等；脑机接口技术将人或动物大脑与外部设备直接进行连接，实现脑与设备的信息交换，无需语言或者肢体。它从最初用于神经修复发展到用大脑随心所欲地操纵机器，在未来人机交互过程中大有可为。

人机交互技术像人的感知系统一样，在文化和科技融合中，实现机器和人的交互。通过虚实融合技术能够将现实中的演员与虚拟的元素和场景进行交互，提升艺术的表现力和呈现形式。如《2024 年春节联欢晚会》舞台中，跨越千年时空而来共赏西安盛景的李白；三星堆博物馆用 VR 技术重现文物历史，用裸眼 3D 重现三星堆古城的辉煌，向游客们讲述着古老的故事。脑机接口技术无需复杂的中间设备，将引领文化和科技融合的新方向，现在已有许多新突破，如在 2024 年 1 月，脑机接口公司将脑机接口芯片植入人体内，实现意念控制手机和电脑；2024 年 8 月，脑机接口公司将 Link 植入人体内，可以用来控制电子游戏。

5. 数字孪生技术

数字孪生是一种利用物理模型、传感器、运行历史等数据，集成多学科、多物理量、多尺度、多概率的仿真过程，在虚拟空间中完成映射，反映相对应的实体装备的全生命周期过程的技术，从而实现对实体的模拟、分析和优化，被广泛应用于在智能制造、医学分析、航空航天、工程建设等领域。简而言之，数字孪生就是指物理实体在虚拟空间中的数字模型，物理实体与虚拟模型在组成、特征、功能等方面完全等价，就像人和镜子中的像一样，但不同的是这个像也可以作用于人。数字孪生的特点：一是全生命周期，数字孪生贯穿于产品的设计、开发、制造、服务、维护乃至报废回收的整个周期。二是动态实时交互，实体和数字孪生体之间存在双向映射关系，通过建立全面的实时联系，实体的状态变化会反映到数字孪生体上，数字孪生体也能将仿真和推演的结果反馈给实体，实现双向互动。三是低代价优化，通过仿真分析和优化，帮助改进实体装备的设计、制造和维护，也可以预测实体未来状态。

数字孪生技术犹如人的皮肤、五官等外表具有呈现功能，可以打造"数字分身"，营造出令人身临其境的感觉，在文化和科技融合中发挥着重要作用。一方面，数字孪生作为元宇宙的核心技术，将真实世界的实体映射到虚拟世界，给人们带来沉浸式体验，如通过数字孪生建立的孪生数字底座，让游客沉浸式体验文物背后的历史。另一方面，数字孪生可用于文化产品研发、生产制造等过程，在生产线投产前验证产品设计合理性和质量、测试设备性能，在生产中调试制造车间数字化和全自动化作业、模拟和预测设备故障，推动文化产品制造的数字化和智能化。

6. 区块链技术

区块链技术是一种分布式账本技术，它通过加密算法确保数据的安全性和不可篡改性，存储于其中的数据或信息具有"不可伪造""全程留痕""可以追溯""公开透明""集体维护"等特征。简单来说，区块链就像是一个巨大的、去中心化的电子表格，这个电子表格被复制了无数份，存放在全球各地的许多电脑上，每一行在这个表格上都记录了一笔交易，一旦记录，就永远不能更改或删除。

区块链技术与人类基因的遗传性相似，基因信息从一代传递到下一代，基本保持不变，确保了生物体遗传信息的稳定性和连续性。目前，区块链技术已应用在文化资产确权与保护、文化数据安全存储、透明交易等领域。在文化资产确权与保护方面，越来越多的数字艺术品在创作者的手下诞生，数字艺术品同样需要产权的保护，区块链技术可以为文化作品提供独一无二的数字身份认证，帮助创作者证明作品的所有权和真实性，跟踪并锁定侵权地址，抓取侵权证据保存上链，构建了更加安全、透明的数字版权保护机制，如北京互联网法院利用版权链和天平链打击恶意侵权行为。在数据安全方面，通过区块链技术可以实现文化资源的透明管理和安全存储，有效防止文化资源的篡改和盗用。在数据交易方面，区块链可简化文化艺术品的交易流程，提供透明的交易记录，增加市场的信任度。2021年，数字艺术家Beeple的作品 *Everydays: The First 5000 Days* 以NFT（非同质化代币）的形式存在于区块链上进行交易。

专栏2

文化与区块链融合典型创新案例

中国V链。 中国V链是一个数字内容产权与数据资源交易公共服务平台，由湖南马栏山择微链科技有限公司开发和运营，平台于2022年9月16日正式上线。它以区块链技术为核心，将内容、产品、数字权益等转化为版权数字资产，构建数字版权交易生态。中国V链已经汇集4万小时优质严选内容，2000多家优质企业入驻，版权交易素材已超19万条，存量视频突破31万条，区块链存证突破23万条，版权侵权线索累计监测超3万条。

腾讯区块链"今确"数字文化鉴证平台。 该平台帮助数字化素材有效确权和授权，提供有效确定时间的原创证明，在素材发布前就为素材的创作时间、作品内容等保留足够且不可否认的证据。将每个素材每次授权约定的范围和条件做成不可篡改的"数据指纹"植入该次下载的素材中，用于追溯和追责，方便创作者二次创作上传素材库并锁定共享商业化收益，打造可靠的智能收单分账体系确保各方资金和票据的安全和效率。

> 基于联通BaaS平台的文旅链关键技术研究与应用示范。
> 海口市区块链综合试点项目已完成"区块链+游客身份""区块链+消费窗口"两大应用场景对客服务平台的建设,完成云资源环境部署、对客户端数据上链,与联通、神州完成联盟链的互联互通,完成了10W+的存量数据上链。

7. 大数据技术

大数据技术是一种能够采集和处理海量多源异构数据的技术体系,如Apache Hadoop、Apache Spark、MapReduce等技术。大数据概念于2008年被 *Nature* 杂志作为专题提出后,受到全球各行业的广泛关注[①]。全球知名研究机构麦肯锡全球研究院将大数据定义为无法用传统数据库软件工具对其内容进行抓取、管理和处理的大体量数据集合[②]。2012年,美国奥巴马政府在白宫网站发布了《大数据研究和发展倡议》,这一倡议标志着大数据已经成为重要的时代特征。英国政府大力推进数据公开为商业企业和研究机构所用,并在资金和政策上大力支持大数据的深入应用和推广。韩国、加拿大、新西兰、日本、德国、法国,也纷纷推出自己国家的大数据发展战略或数据开

---

① Lynch C:《Big data:How do your data grow?》, *Nature* 2008年第7209期。
② 许安明:《大数据与文化产业融合发展:内涵、机理与路径》,《求索》2022年第4期。

放策略[①]。大数据技术的发展已经上升到国家战略高度，成为世界各国在未来技术革命中抢占制高点的手段。我国也高度重视大数据发展，2015年，国务院印发了《促进大数据发展行动纲要》，对大数据技术发展进行了全面部署。

大数据技术犹如流淌的血液，为文化和科技融合提供数据养分和海量数据处理能力。第一，高效采集和处理大规模文化数据集。大数据凭借强大的数据处理能力，能够对大规模文化数据资源进行原真采集、数据清洗和处理，是构建集中国文化遗产标本库、中华民族文化基因库和中华文化素材库等于一体的国家文化大数据体系的核心技术。第二，高效分析复杂大规模文化数据集。大数据对大规模异构文化数据进行分析和挖掘，帮助人们从大规模的文化数据中发掘出有价值的信息，如找准文化创意点，优化文化产品和服务。第三，大数据具备超强的洞察力。大数据对海量文化数据进行深入挖掘，发现隐含的规律与趋势，为文化决策提供科学依据。比如，借助大数据对用户精准"画像"，进而为用户提供个性化服务，提升用户使用黏性。第四，大数据可视化呈现。Tableau、Power BI、Google Charts等大数据可视化技术是大数据技术重要组成部分，可以将复杂的文化数据分析结果以图形、动画等直观的形式展现出来，使非专业人士也能容易理解数据背后的含义。

[①] 付长军、乔宏章：《大数据产业发展现状研究》，《无线电通信技术》2016年第4期。

三、新装备

文化和科技融合新装备是指应用新一代信息技术，进行文化保护、创作、生产、传播、研究和服务等活动的设备和工具，是新设施和新技术的重要载体，是服务新场景和新业态的重要产品。当前，新一轮信息革命浪潮奔涌向前，新科技与文化领域加速融合，正在形成人工智能时代的标志性文化新装备"五大件"。即可用于文化创作领域的"具身智能"、文化生产领域的"3D 打印机"、文化消费领域的"可穿戴智能文化设备"、跨界应用的"车载音视频"和面向未来的"高端文旅装备"。

1. 具身智能

1950 年，被后世誉为"计算机之父"的图灵首次提出了"具身智能"的概念。具身智能（Embodied Artificial Intelligence），是指"具身化的人工智能"，通过机器人等物理实体与环境交互，能进行环境感知、信息认知、自主决策和采取行动，并能够从经验反馈中实现智能增长和行动自适应的智能系统[①]。简单来讲，就是"物理实体+人工智能"，AI能够通过"身体"与物理世界产生交互，并在交互中主动探索，"身体"通常是人形机器人、四足机器人、无人车、无人机等物理实体。具身智能，或将成为AI的最终形态，成为继计算机、智能手机、新能源汽车后的颠覆性产品，将深刻变革人类生产生活方式，重塑全球产业发展格局。在文化领域，具身智能将通过文化垂类大模型、多模态大模型等"智能"和不同形态的机器人"身体"，广泛应用于文化保护、研究、创作、生产等各个环节。

具身智能在文化领域的应用呈现以下特征：一是内容输出智能化。经过海量预训练，机器人能够根据获得的科学常识、社会共识和文化领域的专业知识，结合特定场景需求，进行具有逻辑判断力的内容输出，成为一个辅助性文化创作生产工具。二是交互方式拟人化。具身智能拥有拟人化的思维路径，在与环境的交互上，能以"第一人称"视角去感知和影响物理世界。在人机交互上，将从根本上打破人机交互的语义隔离，以更自然的人机沟通方式提高整个协作过程的效率。人类可以用自身习惯的方式与机器人沟通，如自然语言、肢体语言、动作示范等。三是智能提升自主化。通过学习进化机制，自主地利用交互产

---

① 中国信息通信研究院、北京人形机器人创新中心有限公司，《具身智能发展报告（2024年）》，2024年8月。

生的新数据不断自我优化，迭代升级智能。未来，或将由文化创作的辅助性工具，逐步成长为具备自主创作能力的智能机器人。人类关于文化创意奇思妙想的"种子"，可由机器人快速"落地生花"。

2.3D 打印机

3D 打印机是增材制造的一种快速成型工艺设备，以计算机三维设计模型为蓝本，将三维数字模型按设定的层厚离散为一系列二维截面，通过材料逐层堆积的方式制作出物品，是制造业有代表性的颠覆性设备。目前，已成功应用于航空航天、医疗、汽车、建筑、文化、消费电子等多个领域，覆盖产品结构设计、原型制造、批量生产、工装制作、保障修复等全生命周期。它在文化领域，广泛应用于文物的复刻展示、文化遗产的数字化建设、文化遗址的修缮保护、文化创意产品的设计与生产等方面。

3D 打印机在文化领域的应用呈现以下特征：一是快速定制。能够将结构复杂的物品直接快速地"打印"出来，有效提升文化创意产品的设计自由度，缩短产品的研发周期。二是多品种、小批量生产。相较传统制造，3D 打印机在轻量化、一体化、复杂化、材料利用率等方面具有一定优势，同时在加工效率等方面有所不及，通常用于文创产品多品种、小批量的生产制造。三是高精度的复制修复。通过三维扫描系统，细腻捕捉文物的各项细节，实现高精度的 1:1 的数字化构建和复刻，并通过 3D 打印技术进行文物修复。

3D 打印机的未来发展趋势。一是降本增效。进一步降低单位加工成本并提升打印效率，提高产业化应用渗透率，成为人人都能拥有的日常用品。二是材料突破。深化对打印材料的基础研究和微观研究，研发出更多的新型材料，未来用少量的几种材料即可制作出各类物品。三是更高维度的打印。逐步扩展到 4D 打印、5D 打印等更高维度的打印。通过使用对热、光、湿度、电流或压力等外部元素做出反应的智能材料，4D 打印出来的物体，会随着时间变化发生形状或属性的改变。

专栏 3

3D 打印机在文化领域的典型创新案例

云冈石窟第 3 窟西后室原比例数字化复制。美科图像（深圳）有限公司、浙江大学文化遗产研究院和云冈研究院联合攻关，首次使用 3D 打印技术实现的大体量文物复制，复制窟整体长 17.9 米，宽 13.6 米，高 10 米。

张家界"武陵源生"立体水灯。以"张家界地貌"为设计理念，运用 3D 打印技术，以 0.1 毫米每层的速度将液体亚克力硬化堆叠，打造成精美迷你的张家界特色造型，并密封在固定外壳内，灌入特制的液体，装置成有光、有雪花、有声音的文创产品。

3. 可穿戴智能文化设备

可穿戴智能文化设备是指通过穿戴式技术设计和开发，能够直接穿戴在人体上，具备智能功能的文化电子设备[①]，让人能够随时随地享受文化体验。常见的可穿戴智能文化设备主要包括智能手表、智能手环、智能耳机、智能眼镜、智能头显、智能戒指和智能服饰等。其中，目前在博物馆等文化场所广泛应用的是智能耳机、智能眼镜。

可穿戴智能文化设备的主要特征。一是简单轻便。相较传统电子设备，更加小巧、轻便和舒适，便于长时间穿戴；在操作上，更加简洁，并能与手机等其他电子设备进行无线传输、互联互通。二是智能感应。这些设备通常集成了各种传感器、微处理器、无线通信模块和电池，能够实时监测用户的生理参数、环境数据等[②]，从而提供更加个性化、智能化的服务，打造更理想的交互体验。

可穿戴智能文化设备的未来发展趋势。一是趋于"隐形"。在产品形态上，将越来越小、越来越轻，甚至是"隐形"。二是脑机互动。人机交互模式将不再局限于语音、触摸、手势控制等，而是具备脑机接口，在大脑和设备之间建立直接通信，

[①] 全国网络安全标准化技术委员会数据安全标准工作组，《消费类可穿戴智能设备数据安全标准化白皮书（2024版）》，2024年6月。
[②] 全国网络安全标准化技术委员会数据安全标准工作组，《消费类可穿戴智能设备数据安全标准化白皮书（2024版）》，2024年6月。

人类可以通过脑电信号等控制设备、进行交互。目前，苹果公司推出的 Apple Vision Pro 等智能头显已实现灵敏自然的眼控交互功能，通过精密的眼球追踪技术实时捕捉用户的注视方向和焦点，理解用户意图，用户通过注视即可控制设备。三是 AI 融合。将嵌入文化行业垂类大模型、通用大模型等 AI 技术，根据收集的用户和环境的大量数据，提供个性化、专业化、智慧化的服务体验。例如，Solos 等公司推出的 AI 智能眼镜，集成了 ChatGPT-4o 等多模态人工智能大模型，能够实时分析用户视线中的物体，提供智能化服务。

4. 车载音视频装备

车载音视频装备是指汽车上使用的音频和视频设备，包括车载显示屏、车载音响、车载无线广播、车载视频监控、抬头显示、流媒体后视镜、摄像头、车载 AR 显示系统等，并可广泛应用于飞机、轮船等交通工具。随着新能源智能汽车和无人驾驶技术的普及，车载音视频将成为家庭必不可少的文化类装备。

车载音视频装备的主要特征。车载音视频装备注重与车内环境相融合，与驾驶乘坐体验相契合，以辅助驾驶和休闲娱乐为核心，具备高集成化的特征。音视频装备是人与车互动连接的端口，集成了汽车数字视频存储、GPS 监控、车辆管理、休闲娱乐、辅助驾驶等功能，通过音视频系统即可实现对汽车的多方面控制。

车载音视频装备的未来发展趋势。一是沉浸式视听体验。

通过多声道音响系统、新型显示、虚实融合等技术的应用，逐渐向 4D、5D 沉浸式体验发展，音视频装备与车内座椅、空调、香氛、氛围灯等功能联动，打造全方位立体视听新体验。二是个性化的智能服务。随着人工智能的接入，车载音视频将更加准确地判断用户意图，精准地提供契合用户状态的个性化视听内容和交互操作体验。三是远程互联协同。车载音视频将与车内的其他智能系统，路面交通基础设施和网络交通信息实时互联，提高驾驶的安全性。甚至是与居住地的智能家居系统互联互通，实现远程控制。

> **专栏 4**
>
> ### 湖南音视频装备的创新实践案例
>
> **湖南音视频装备的现状**。湖南音视频装备在编解码芯片、镜头等为主的关键元器件方面形成明显优势，在制播装备上具备较强的自主研发能力，规模在音视频产业中占比超过 50%。在音视频装备关键元器件领域，湖南国科微电子 GK6323 系列 4K 超高清芯片和解决方案实现大规模应用。惠科光电 85 寸以上超高清显示面板出货量全球第一。长步道光学研制全球首款 1.5 亿像素大靶面镜头和全球首款光场相机镜头，打破国外同类产品垄断，标准工业镜头系列产品市场占有率国内第一，全球第二。在制播装备领域，湖南广播影视集团有限公司联合华为

研发的广播级超高清（4K）时空凝结自由视角互动系统获中国电影电视技术学会 2022 年度科技进步奖二等奖；芒果 TV 自主研发的"光芒"超高清智能云剪辑系统获中国电影电视技术学会 2022 年度科技进步奖三等奖。万兴科技的系列数字创意工具软件产品覆盖 200 多个国家和地区，累计用户超 15 亿。

湖南音视频装备的未来图景。当前，湖南正在加快编制《湖南省音视频装备产业链高质量发展行动计划（2024—2026 年）》，加快发展音视频内容采集装备、内容制作装备、内容传输装备、终端呈现装备、行业应用装备，加大应用车载显示屏、车载音响、行车记录仪、图像处理芯片等长版领域产品，探索空间感知、座舱信息呈现的车载增强现实显示系统，发展支持三维声的车载音响，研发和推广疲劳监测、泊车辅助、360 环视、盲区监测等具有辅助驾驶功能的车载视频装备。到 2026 年，初步建成全国重要的音视频装备产业集聚区和引领示范区，产业规模达到 2000 亿元，形成数字舞台、车载视听、工业制造、广电传媒、文化旅游等 5 大特色行业应用标杆，打造以车载视听为重点的"100+"典型应用场景，建成全国最大的音视频开源社区；到 2030 年，形成具有国际影响力、引领力的音视频装备与内容融合产业集群。

四、新场景

文化和科技融合新场景是以人工智能等新一代信息技术为依,以文化资源、设施、装备、空间和创意等要素为核心,打造实现智慧连接、数实融合、价值再造的空间,是新设施、新技术、新装备、新业态的系统集成,主要包括文旅、文博、演艺、游戏、教育等应用场景。

随着信息技术的不断进步和人民需求更多元化、个性化,文化和科技融合消费场景呈现出个性化、智能化、沉浸式的趋势,并逐渐走向文化元宇宙消费场景。

1. 智慧文旅应用场景

智慧文旅是以网络为载体,以数字技术和信息通信技术与文旅业的深度融合而形成的新形态。智慧文旅集合了多种文化元素和科技手段,打破了传统旅游观光模式的局限,让人们能通过虚拟现实技术体验全球范围内的文化景点、历史遗迹、博物馆、艺术品和文化活动。

智慧文旅主要特征。一是以核心技术为支撑。利用感知交互等元宇宙技术实现以景区为代表的旅游目的地的边界延伸与拓展，打造全新接触方式。二是以实体景观为载体。既将实体场景复制到虚拟空间，又将虚拟元素融入实地空间场景，实现游客与空间之间的多维度交互。三是以沉浸体验为核心。具有实时性、空间感、沉浸感、定制化、3D渲染和动态交互特点，打造全新的体验方式。

智慧文旅发展趋势。随着数字孪生等新技术的不断成熟，智慧文旅逐渐走向文旅元宇宙。沉浸式和互动性更强，将与人类生活的各个领域（包括艺术、娱乐、教育等不同领域）的融合更深入。

同时，扩展现实技术、数字孪生技术、区块链技术三大核心技术的元宇宙进一步成为文旅项目的新入口、新工具以及新方法。

元宇宙在虚拟世界创建、用户交互等领域都将迎来突破，更加注重社交互动和个性体验，并以此为基础探索更多可持续发展和商业模式创新的路径，实现更大的商业价值，持续高质量发展。

> 专栏 5

智慧文旅典型创新案例 2[①]

《消失的法老》沉浸式探索体验展。《消失的法老》是由法国 VR/AR 内容品牌 Excurio 与美国哈佛大学吉萨项目考古团队，耗时三年共同打造的一场 45 分钟的沉浸式虚拟现实体验。《消失的法老》是一场沉浸式虚拟现实展览，旨在带领观众穿越 4500 年回到古埃及文明。展览通过 1:1 复刻的历史古迹和 VR 技术，为观众提供了身临其境的体验，包括探索金字塔内部、乘坐太阳船在尼罗河上航行以及参加古埃及祭祀仪式等。

首钢—高炉·SoReal 元宇宙乐园。作为冬奥遗产传承重点项目，引进曾火爆冬奥村的虚拟现实智能体育产品，以工业遗存"高炉"为载体，以现代光影等数字技术，赋予这些"呆板"的工业建筑新生，将冬奥精神、冰雪文化、首钢工业遗存，借助科技的力量有机整合在一起，使广大游客沉浸式感受多元文化。如今，首钢—高炉·SoReal 元宇宙乐园已成为北京重要的网红打卡地，成为首都文娱元宇宙新地标，成为全国乃至世界"文化＋科技"新的策源地。

张家界市"智慧旅游"。包含"张家界星球"、张家界"鲵宝宝"数字人等内容。"张家界星球"元宇宙共分为线上平台"云

[①] 臧志彭、解学芳：《中国文化元宇宙白皮书（2023）》，中国文化产业协会文化元宇宙专业委员会，2023 年 11 月；方力、刘绍坚：《北京文化和科技融合发展报告（2022～2023）》，社会科学文献出版社 2023 年版。

览张家界"和线下体验"元宇宙移民局"两个板块，为游客提供虚实结合的沉浸式武陵源旅游体验。"元宇宙移民局"内运用虚拟数字人、虚拟云游、AR云览沙盘、3D打印等技术，为游客生动展现了"移民咨询和申请、数字山峰认购、数字身份认证、虚拟山峰创作"等多项服务。2023年，"张家界星球"元宇宙全面升级，并打通了线上线下联动创新互动，开拓文旅数实融合运营新视角。

2. 数字文博应用场景

数字文博以文博领域的文物、空间和历史人文景观资源为创意模板，运用数字孪生、人工智能、虚拟引擎、XR、区块链等技术，打造集数据汇集、研究展示、公益鉴定、文创衍生等功能于一体的创新平台，提供一站式知识共享和交易服务。

数字文博特征。一是虚拟体验。数字文博通过虚拟现实、增强现实等技术，为用户营造了身临其境的体验。用户可以在虚拟空间中参观展览、欣赏艺术作品，实现与虚拟展品进行互动。二是内容多样化。数字文博汇集了各种类型的文化艺术内容，包括艺术作品、历史文物、文化遗产等。用户可通过文博元宇宙平台访问和欣赏不同风格和类型的艺术品，了解不同文化背景和艺术流派，欣赏体验不同艺术家、不同艺术风格的作品。

数字文博未来发展趋势。数字文博将逐渐走向文博元宇宙，呈现以下发展趋势：一是智能化、沉浸式和真实感。随着技术的不断进步，将提供更加智能化、沉浸式和真实感的场景，图形渲染和交互体验将更加细腻流畅，提供更智能化、定制化的导览路线和解说内容，文博元宇宙体验更加流畅。二是社交与协作。通过提供社交和协作功能，使用户能够与其他参与者共享和交流文化艺术内容。三是数据驱动的个性化体验。通过分析用户的历史行为、喜好和兴趣，可以解用户的偏好，并根据用户的个性化需求提供相关的文化艺术内容、定制化的虚拟展览服务。

专栏6

数字文博典型创新案例3[①]

湖南数字文博大平台——打造"24小时不打烊的博物馆"。 该平台集成文物3D鉴赏、社区、AI互动、个性化博物馆等功能，并面向全球上线中、英、法、西班牙、日、韩等六种语言版本。2024年8月19日数字文博大平台"山海"App正式上线，打破线下参观的时空限制，为观众打造"24小时不打烊的博物馆"。目前，平台已首发上线包括陕西历史博物馆、湖南博物院、甘肃省博物馆等多家文博机构的万余件馆藏文物，用户可

[①] 臧志彭、解学芳：《中国文化元宇宙白皮书（2023）》，中国文化产业协会文化元宇宙专业委员会，2023年11月；方力、刘绍坚：《北京文化和科技融合发展报告（2022～2023）》，社会科学文献出版社2023年版。

在应用内检索，以 3D 方式鉴赏文物、查看文物相关知识图谱、基于文物主体或元素进行二次创作。

画游千里江山——沉浸式光影展演。以北宋画家王希孟的传世巨作《千里江山图》为蓝本，基于虚拟现实、全息投影以及舞台升降等技术升级传统舞美技术，以 80 多台超清投影设备为硬件支撑，充分发挥 Unity3D 实时交互引擎的效能，将传统画作平面欣赏逻辑转变为融合视觉、听觉以及触觉等的多维体验模式，将《千里江山图》由二维世界引入多维世界，实现跨越千古的时空对话，让现代观众沉浸地感受传统画作的独特魅力。

南京大报恩寺全真互联元宇宙博物馆。通过端云协同、数字孪生、AI 多模驱动、近场通信、iBeacon、XR 等技术手段，制作文物高精度三维模型，构建"线下多元互动装置 + 线上多端适配同步交互"系统。观众可以在实地游览场馆的同时，在虚拟场景中生成专属虚拟形象，体验大报恩寺数字复原艺术原貌，3D 数智人"龙女"线上伴游，触发元宇宙八大游戏关卡并收藏数字文创。

3. 数字演艺应用场景

数字演艺是运用虚拟现实、增强现实和混合现实等技术，将传统的演艺资源转化为数字化的表达形式，并通过虚拟场景、互动体验、全息投影等手段，为观众呈现出全新的演艺表演。

数字演艺的特征。一是沉浸感明显加强。通过各种体感设备，加上设计到位的虚拟舞台场景、虚拟灯光、虚拟道具、虚拟服装等，配合由 3D 动作捕捉而设计得流畅、逼真的虚拟演员的动作，观众的沉浸体验感明显提升。二是互动体验较普遍。数字演艺强调社交互动的体验，观众可通过虚拟现实设备或在线平台观看演出，与艺术家进行互动，甚至参与到演出中去。三是个性化体验。观众通常可以对相应的观看位置、行动路径或不同情节进展等进行自由选择，或在一定设计限制范围内做出选择，从而提升观众的个性化体验感。

数字演艺的趋势。一是虚拟世界的演出比例将不断增加。虚拟世界不仅可以呈现精彩的演出，而且其中演艺活动的辐射面与传播面比线下演艺活动要大得多，并且使得虚拟世界的演出比例增加。二是虚实融合将成为现场演艺的发展潮流。现场演艺需要更多的虚实融合，以便提升现场演艺的体验感。未来的现场演艺可能有更多虚拟演艺成分的介入，例如通过 AR、MR 等方式观看到更多演艺表演，通过全息影像及裸眼 3D 等方式看到更多虚拟演员及场景，还可能结合 AR、MR 等方式将现场演艺通过电视直播进行传递。三是互动体验增多。通过互动技术，观众不再是被动观看演出的对象，而是能够积极参与其中的主体。例如，观众可以在虚拟演出中选择不同的剧情分支，影响演出的走向和结局。还可以与虚拟演员互动，与虚拟角色建立联系，甚至在演出中扮演特定的角色。

4. 沉浸式游戏应用场景

沉浸式游戏是使用区块链技术、加密数字货币、闭环经济系统等与元宇宙相关的技术要素,同时兼具去中心化、低延迟性、高沉浸性、高拟真性、无边界性和永续性特质的在线游戏。

沉浸式游戏特征。一是开发者生态与去中心化。通过分布式、去中心化的机制进行管理和执行,努力减少或消除中心化的权力和控制。二是沉浸和交互体验。沉浸式游戏强调的沉浸感,是集真实物理反应、三维空间和真实模拟于一体的深层沉浸感,涉及用户的生活方式、行为方式、感知方式和思维方式的转轨。三是经济系统。在传统的电子游戏产业中,游戏账号、游戏道具、游戏货币等网络虚拟财产的所有权往往属于游戏公司,玩家只拥有相应的使用权。沉浸式游戏中的玩家则真正拥有数字资产的所有权和互操作性。

沉浸式游戏发展趋势。一是IP产业化。在沉浸式游戏中,IP产业将进一步融入数字娱乐领域,与游戏、技术和社交互动相结合,IP的价值将得到提升,跨媒体互动和用户生成内容的重要性将增加,IP授权和合作形式将创新,IP的社区互动和社交性也将增强。这将为IP产业带来更广阔的发展空间,并为IP持有者和玩家提供更丰富、更有互动性和参与感的娱乐体验。二是用户生成内容更加成熟。鼓励用户参与和创作,用户可以从自己的兴趣和独特视角出发创作内容,用户生成内容(UGC)

将成为内容生产的重要组成部分。三是价值共识化。开放性和社交性将促进玩家之间的共同创作和合作，玩家可以联合起来创造更大规模的游戏内容，例如制作副本、世界地图、任务等。

专栏 7

沉浸式游戏典型创新案例

黑神话：悟空——中国首款 3A 游戏。该游戏是一款以《西游记》为背景的动作类角色扮演游戏，游戏从 2018 年立项，经历 6 年半的"磨难"，耗资超过 4 亿，是中国首款 3A 游戏（投入大量的资源：a lot of resources，大量的时间：a lot of time，大量的资金：a lot of money）。游戏大量采用空间计算技术，通过 3D 扫描真实世界的陵川二仙庙、晋城青莲寺等现实古建筑和塑像、森林、岩石，制作出逼真的物体、建筑和景观图形，原汁原味地把 31 座古建筑还原到游戏中；同时，采用虚幻引擎和 NVIDIA 光线追踪等技术，提升画面效果，让场景更为逼真，为玩家提供沉浸式体验。玩家不仅能体验到丰富的剧情、紧张的战斗，还能体验到精美的视觉和音效设计。[①]

Roblox——自带经济系统。Roblox 于 2006 年发布的 Roblox 是一款大型多人在线沙盒游戏创建平台，为玩家提供了一个强大的开发工具集，让玩家可以设计自己的游戏规则，建

[①] 郝艳辉、康百川、张丰淇：《对〈黑神话：悟空〉及其对行业影响的思考》，《方正证券研究报告》，2024 年 8 月 21 日。

造独特的环境，编写引人入胜的故事线，支持玩家进行数字内容创作。Roblox创建了一个完整的经济体，Robux是该平台流通的代币，玩家能够用代币为虚拟形象购买装备和物品，游戏创作者和开发者通过构建游戏同样能够赚取Robux，并转换回现实世界的货币。

完美世界——探索非遗文化新传承。以土家族自然风景、特色服饰为起点，将张家界国家级森林公园的雄奇壮丽景观在最大程度上加以保留，实现地方非遗文化与流行游戏跨界融合，让用户能够在游戏娱乐中身临其境地体验土家族文化的魅力，并且在游戏中添入时尚、流行的元素，真正做到文化和科技的新结合。

5.AI教育应用场景

AI教育（人工智能教育）是将人工智能技术与传统教育相结合的一种新型教育模式，通过智能化的设备和系统，提供个性化的学习内容、智能化的学习辅助和智能化的评估与反馈。其核心是利用人工智能技术在教学和管理中的优势，以提升教育的效率和个性化。

AI教育的典型特征。一是个性化学习。AI技术可以根据学生个体的学习情况和需求，提供量身定制的学习内容和路径。二是互动性强。AI驱动的虚拟助手和互动平台，增强了学生与学习材料之间的互动性。三是智能反馈。AI系统可以实时提供学生作业和评估的反馈，帮助学生及时调整学习策略。四是自动化管理。AI技术可以自动化诸如分班、作业评分和进度跟踪等管理任务，减轻教师负担。

AI教育发展趋势。随着VR/AR/MR、数字孪生、5G、人工智能、区块链等新兴信息技术在教育领域的深度应用，AI教育逐渐走向教育元宇宙的发展方向，呈现以下趋势：一是虚拟重现。虚拟重现主要指利用数字孪生或全景视频拍摄技术，逼真再现真实的教学环境，如使用全景拍摄重建自然地貌、名胜古迹、校园景观等。教师可通过VR直播，展示博物馆、展览馆、科技馆等机构的藏品或活动；学生可借助VR/AR终端多角度浏览虚拟重现的真实教学情景，获得沉浸式教学体验。二是虚拟仿真。虚拟仿真技术可模拟与真实教学高度类似的活动。学生可通过虚拟化身的形式，凭借视觉、听觉、触觉、嗅觉等感官通道感知、理解、响应教学环境和教学活动，开展自主探究、小组协作等。目前基于VR引擎开发的许多虚拟教育应用已达到该应用层次。三是虚实融合。为实现教育元宇宙中的虚实融合，首先需通过数字孪生技术重构真实世界，高精度地复原山川地貌、河流植被、道路桥隧、城市建筑、校园教室、教具学具等。其次，需借助空间锚点以及云存储技术，精准定位真实世界师生所处的虚拟教学环境，实现虚拟教学环境与真实世界的融合。例如在课堂中，教师可将物理、化学、生物等学科的虚拟教学资源定位，与真实教室相关联。四是虚实联动。未来在可穿戴智能设备、物联网、区块链等新兴技术的支持下，师生可通过虚实联动将自己的思维转化为具体、有形的操作过程，改变虚实世界的教具位置、活动行为、指令设置等。例如，教师可以通过脑机接口，驱动机器人执行答疑解惑、管理教学行为等。[①]

[①] 钟正、王俊、吴砥等：《教育元宇宙的应用潜力与典型场景探析》，《开放教育研究》2022年第1期。

五、新业态

新业态是文化和科技融合的新表现形态，具体体现为新产业、新模式和新集成。新产业是文化和科技融合形成的有形的实体产物，新模式是文化和科技融合而催生的新形式。新集成则是体现了文化和科技融合的设施、技术、场景、装备、产业、模式等有形和无形全要素的集合。三者之间具有内在的逻辑联系：新产业以科技创新为基础推动文化内容生产方式发生转变，而新模式则是由于物质基础发生改变而在文化领域形成的新的创作模式、组织模式、消费模式和传播模式，并反过来指引科技的进一步发展。新集成则是以元宇宙为平台将新产业和新模式系统地集成起来，提供应用场景，形成产业生态，从而充分发展新产业并进一步完善新模式。以数字化、网络化、智能化为主要特征的文化新业态快速发展，不仅进一步丰富了大众的精神文化生活，增强了人们的文化幸福感，也深刻改变着文化的创作、生产、传播和消费模式，同时带动网络视听、数字出版、动漫游戏、文化算据等文化新产业的蓬勃发展，推动以元宇宙为代表的文化和科技融合的新集成的形成，为文化产业的转型升级和结构优化注入新动力，成为培育文化领域新质生产力、形成更多新的文化产业增长点的重要支撑。

1. 新产业

新产业的发展是文化和科技融合的重要体现，推动了新经济形态的形成和发展。依托技术创新和市场需求，推动文化内容的生产方式和传播模式的转变，从而在数字经济中扮演着重要角色，进一步强化了文化和科技的深度融合，为经济发展注入了新的动能。

（1）网络视听

网络视听产业是指通过网络平台提供视听内容的服务行业，涵盖了网络综艺、网络剧、网络电影、网络纪录片、网络动画片等多种内容形态。2007年12月，国家新闻出版广电总局发布的《互联网视听节目服务管理规定》将互联网视听节目服务定义为"制作、编辑、集成并通过互联网向公众提供视音频节目，以及为他人提供上载传播视听节目服务的活动"；网络视听产业是以生产基于互联网传播的视听文化产品为基础，是面向社会大众的公共文化产品[①]。随着文化和科技深度融

---

① 王樱洁：《中国网络视听产业发展现状与概念廓清》艺术科技，《艺术科技》2018年第12期。

合，网络视听产业已成为数字娱乐市场的重要组成部分。网络视听产业作为全球数字经济发展的重要引擎，是组成数字经济新质生产力的重要力量。截至 2023 年 12 月，国内网络视听行业市场规模为 11524.81 亿元，企业 66 万余家，网络视频和网络音频的年度付费用户分别达到 7.32 亿和 1.82 亿。全球视频点播业务（SVOD）持续高速增长，预计到 2027 年，全球 SVOD 市场收入将达到 1377 亿美元，年均复合增长率达到 8.27%。网络视听行业产业链主要分为三个环节，上游环节主要为投资方和赞助方，为中游环节的内容创作者提供投资和赞助；中游环节内容创作者主要包括各电视台、新媒体、自媒体、民营公司等，创作内容并依靠网络为下游用户提供服务；下游用户则会依据自己的兴趣爱好对创作内容进行观看，打赏或订阅付费。

网络视听产业的主要特征。一是内容供应多元化。网络电视、长中短视频、音视频直播、内容付费、激励广告、直播电商、线上演唱会等产品和商业模式，重塑了大众的媒介接受方式、信息获取方式、社会交往方式与消费方式，使视听用户收听收看渠道、终端、习惯、模式等产生结构性变化。在这一过程中，个体愈加成为产业中视听内容传播、反馈的重要力量。[①] 二是资本的参与性强。随着行业集中度进一步强化，爱奇艺、腾讯

---

① 黄田园、丁琪：《广电和网络视听产业在转型发展中重塑与重构》，《中国广播电视学刊》2022 年第 11 期。

视频、优酷等头部企业占据近90%的市场份额，并以IP矩阵化为手段，串联视频、文学、电商等领域，构建以流量品牌打造为核心的内容生态护城河，不断提高市场准入壁垒。① 三是下沉市场潜力巨大。截至2023年底，我国网络视听用户规模达10.74亿人，其中农村网络视听用户规模为3.2亿元，农村网络视听用户较2022年同比增长6.8%，增速远高于城镇同期的1.9%；与此同时，通过网络主播带货助农等举措，网络视听在乡村振兴战略中正扮演着越来越重要的角色。②

　　网络视听产业发展趋势。一是从"横屏"到"竖屏"已成发展必然。随着网络视听的发展，"横屏"传统长剧的"大IP+大投资+大制作+流量明星=爆款"的公式开始失效，拍摄成本巨大、影视场景单一、后期制作推进不足，导致传播效率低，无法满足市场消费者日益增强的多元化需求。"竖屏"微短剧作为意识形态和文化产品的双重载体，坚持导向为魂、内容为王、创新为要，利用技术赋能文化创意。"竖屏"模式下，网络视听传播方式由传统的广播电视转变为移动网络视听，视听内容不断满足市场消费者的多元化文化需求，对青年人的吸引力持续扩大，市场消费人群从中老年转变为中青年，用户数量不断增加。"微而精、短而美"成为引领"竖屏"微短剧行业高质

---

① 王建磊：《新媒体产业资本流通与价值转移的影响机制研究——以网络视听行业为例》，《新闻大学》2020年第12期。
② 蔡静、蔡培峰：《促进网络视听产业提质赋能高质量发展》，《宏观经济管理》2021年第10期。

量发展的大方向。"竖屏"不断运用虚拟制片技术，尤其是扩展现实，在"竖屏"微短剧制作中显示出巨大潜力，极大降低了拍摄成本。不受传统影视长屏播放工具约束，消费者用手机随时随地观看，提升传播效率，推动市场趋向高质量剧本竞争。

二是由"横店"到"数店"是大势所趋。以浙江"横店"为代表的传统影视模式依然沿用实景拍摄，拍摄成本高昂，拍摄周期长、出片少，传播方式单一，仅支持电视大屏－横屏，同时主角"天价"片酬挤压了配角、群众演员的费用和道具、后期制作的费用，导致影视作品粗制滥造，质量下降，传播速度慢，千篇一律的影视场景削弱了影视作品的吸引力，且在后期制作方面存在不足，实景资源利用率低下。目前"横店"模式实景拍摄基地建设趋向饱和，"数店"时代已然到来。以湖南长沙马栏山为代表的"数店"网络视听新模式运用数字技术、虚拟拍摄技术、元宇宙等，破除了实景拍摄场地限制，数字虚拟棚的功能和场景的多样性，降低拍摄成本，多元化影视场景、极高的出片效率提升传播速度，满足现代消费者网络视听需求。同时"数店"制作的低成本、短周期、高周转、"一周拍完、一月上线"的微短剧成为互联网内容建设的主渠道之一，吸引了包括知名导演、电商、网红等各方的参与，芒果 TV、抖音、快手等各大平台都在积极布局。马栏山等"数店"平台从剧本创作、取景拍摄、上线播出、研发创新方面给予微短剧创新创作支持，推动网络视听由浙江"横店"向马栏山"数店"转变。

三是文化再生产的叙事体系初步建成。网络视听产业内容创作把握时代脉搏、创新艺术表达，突破好莱坞等西方叙事体系束缚，以个体视角折射出中国现代化历程中的波澜壮阔，持续涌现出如《山海情》《狂飙》《繁花》等现实题材的现象级作品，通过供给成规模的精品节目矩阵满足了人民群众日益增长的精神文化需求，标志着阶级叙事之外的主流意识形态叙事体系的再形成。由于数字化技术的升级，媒介记忆的功能日益明显，比如《繁花》通过对岁月的展现、符号的凝聚和情感的调动，建构了大众对特定时代、特定地域的影像记忆、文化记忆与情感记忆，展现出文化和科技融合的强大活力。[①]

四是"微短剧+X"的内容产业赋能经济发展。随着微短剧的热播，带火一批实地取景地"出圈"，形成一批可复制、可推广的"微短剧+X"融合促进消费新模式。随着大数据、元宇宙、虚拟现实技术、AI技术等发展与普及，微短剧与AIGC新技术的融合已成大势所趋，微短剧+多产业跨界融合的网络视听产业生产方式进一步完善发展，逐渐形成"微短剧+新技术""微短剧+体育""微短剧+文旅""微短剧+IP"等新型网络视听方式，越来越得到市场众多消费者的认可，赋能地区经济良好发展。比如2023年湖南卫视首播的《去有风的地方》，成功让观众通过收看影视作品对剧中的取景地心生向往，完成从"观

---

① 李春阳：《媒介记忆视角下电视剧的时代构建与启示——以〈繁花〉为例》，《中国广播电视学刊》2024年第4期。

众"到"游客"的身份转变,有效促进当地文旅产业发展。①通过数字技术赋能,"微短剧+X"网络视听新模式正成为主流价值观宣传和创新创作的新阵地,不断助推网络视听和区域经济高质量发展。

(2)数字出版

数字出版是指通过数字技术将作品编辑加工后,进行复制和传播,表现为传统出版业的数字化和作为独立业态的数字出版产业两种形态。出版产业数字化是指通过将生产、管理、销售各环节与云计算、互联网、大数据相结合,促进出版企业研发设计、生产加工、经营管理、销售服务等业务数字化转型;数字出版产业化是指在新的商业模式下,将数字内容通过新的运营模式和服务模式,面向用户提供新型内容服务,其核心是数字产品服务。②

数字出版业与数字经济的深度融合,成为推动我国经济转型的内生力量。2023年中国的数字出版产业整体规模全年达到12762.64亿元,比2020年增加8.33%。从产业链来看,上游为内容创作与提供环节,电子书平台通过与作者、出版社等合作,获取电子书内容的版权,确保内容的合法性和独特性;中游为技术提供与平台运营环节,电子书平台作为产业链的中枢,

---

① 尤璐瑶、吴光恒、杨濛韩:《"影视+文旅"融合发展造就旅游新风向——以〈去有风的地方〉为例》,《传媒论坛》2024年第8期。
② 赖青、张昭:《数字出版产业模式与策略分析》,《中国编辑》2024年第3期。

整合上游内容资源，依赖数字化技术提供电子书的存储、搜索、购买、阅读等功能，并通过电子阅读器和阅读 App 为消费者提供综合性的数字阅读服务；下游则为消费与阅读环节，主体为广大的数字阅读用户群体。

数字出版产业主要特征。一是我国数字出版与国家社会经济发展同频共振。[①] 中共中央办公厅、国务院办公厅印发《数字中国建设整体布局规划》，进一步夯实数字出版产业的顶层设计，使其意识形态阵地作用更加突出；2023 年，文化新业态特征较为明显的 16 个行业小类实现营业收入约 5.24 万亿元，比上年增长 15.3%，增幅高于全部规模以上文化企业 7.1 个百分点，数字出版产业规模持续壮大。二是数字技术在数字出版业的广泛应用。5G 技术赋能高速传输与个性化推荐为数字出版奠定基础；大数据技术打破信息孤岛，拓展数据应用场景；云计算技术提升数字出版产品渗透效率；区块链技术提高版权保护及交易安全性；AR/VR 技术丰富出版的呈现形式，优化用户沉浸式体验。[②] 三是数字出版的叙事模式呈现可视化、互动化和沉浸化三种主要特征。传统出版叙事模式由于其单一性已经无法满足当下人们对碎片化、快节奏、趣味性的阅读需求，而可

---

① 陈莹、陈家杰：《文化强国战略背景下数字出版产业创新发展研究》，《出版广角》2024 年第 13 期。
② 罗明东、周安平：《出版业发展新赛道：从数字出版走向智慧出版》，《中国出版》2024 年第 4 期。

视化使出版叙事更加趋向多维和强调体验；互动化消解了出版叙事中作者的主导地位，将受众参与纳入故事世界的整体构造；沉浸化则通过深化出版叙事在技术、情感层面的双重体验激发大众的阅读潜力，重构了出版的社会价值。[1]

数字出版产业发展趋势。一是文化传播功能持续强化。作为文化走出去的重要力量，数字出版在加强国际传播能力、全面提升国际传播效能、形成同我国综合国力和国际地位相匹配的国际话语权中发挥日益重要的作用。中国网络文学作品的翻译语种达20多种，涉及东南亚、北美、欧洲和非洲的40多个国家和地区，国际传播力影响力持续增强。[2] 二是AIGC重构数字出版内容生产的价值创新模式。AIGC通过集合各类用户在网络中数字化生存的数据与信息产品，搭建出一个集广泛性与优质性内容于一体的底层数据库。在AIGC的介入下，数字出版业的专业内容生产者和普通读者的边界正在消弭，普通读者参与到知识生产中，与专业内容生产者、AI构成新型的人机协同创作主体。[3] 三是数字出版与元宇宙加速融合。[4] 近年来，出版业探索基于NFT技术的数字藏品出版，基于虚拟现实和增强

---

[1] 刘蒙之、丁秦：《数字出版叙事发展趋向：可视化、互动化与沉浸化》，《出版广角》2024年第3期。
[2] 王飚、毛文思：《2023年中国数字出版发展态势盘点及2024年发展展望》，《科技与出版》2024年第3期。
[3] 周灵：《价值共创视角下AIGC对数字出版的型构》，《编辑之友》2024年第2期。
[4] 李琳、张冰清：《元宇宙出版发展现状与展望》，《中国出版》2023年第8期。

现实等技术,将一些经典、优质的自有资源制作为元宇宙出版物。比如故宫出版社基于自身的优质资源,策划推出了《我在故宫修文物》,展现了媒体融合赋能文化传播的巨大潜力,实现了"全员"传播、"全效"传播、"全程"、"全息"传播,是以文化和科技融合实现多元化传播的绝好例证。①

（3）动漫游戏

动漫游戏产业也被称为 ACG 产业,即所谓的动画（Animation）、漫画（Comic）、游戏（Game）产业。作为科技创新的重要场景以及文化产业的重要组成部分,在全球化、数字化和智能化的浪潮中,中国动漫游戏产业在最近十年间不断崭露头角,国家政策也从视动漫游戏产业为洪水猛兽和电子海洛因,转变为注重动漫游戏与科技共生,与文化共舞,展现新时代风貌、发挥国际市场潜力。我国国产动漫、游戏已形成较为成熟的研发运营体系,市场营业额不断增加,世界范围内中国生产的游戏销售额占比显著提升。随着一大批以《西游记之大圣归来》《大鱼海棠》《白蛇：缘起》《哪吒之魔童降世》为代表的优秀动漫作品诞生,截至 2023 年,我国动漫市场规模从 2016 年的 1320 亿元上升至 3000 亿元。我国自主研发的游戏 2024 年上半年海外市场销售收入为 85.54 亿美元,同比增

---

① 张郝苗：《媒体融合背景下中华优秀传统文化的传播策略研究——以文博类纪录片〈我在故宫修文物〉为例》,《西部广播电视》2024 年第 9 期。

长4.24%。2024年5月共有40家中国厂商进入全球手游发行商收入榜TOP100，收入合计21.1亿美元，占总发行商收入的39.7%，其中，米哈游、莉莉丝、悠星、沐瞳等游戏企业一直位列游戏出海榜单的前列。

动漫游戏的上游产业链主要包括原创漫画公司、动画制作公司、游戏开发公司等，这些公司提供动漫游戏的创意和制作，是整个产业链的基础。中游产业链主要包括发行商、渠道商等，他们负责将动漫游戏推向市场，并负责推广和运营。下游产业链主要包括衍生品开发商、玩具商、游戏平台等，他们基于动漫游戏IP开发衍生品，提供游戏平台服务，满足粉丝的多元化需求。

动漫游戏产业发展特点、趋势。一是动漫游戏产业消费增长点不断涌现。伴随着动漫游戏成长起来的80、90后们逐渐成长为社会中坚力量，深刻影响了动漫游戏产业的消费意愿与消费能力，比如近期大火的《黑神话：悟空》的消费者中有很多是为了圆梦"玩上国产3A大作"的老玩家，上线一周多来热度在全球持续攀升，截至2024年8月23日，《黑神话：悟空》在各大游戏平台的销量已超过1000万套，收入超26.8亿元，最高同时在线人数达300万人。而二次元文化的不断"破圈"，表明Z世代群体对动漫游戏有着强烈的兴趣和需求，使动漫游戏产业形成了良好的消费梯队衔接，不断产生新的增长点。二是动漫游戏产业与文化产业结合发展成为文化传承的重要路径之一。动漫、游戏是传播和普及文化的理想载体,也是古今文化联通的新触点。动漫、游戏已成为数字化时代保护文化遗产、传承文化精髓的重要途径之一,正全面助力文化传承,实现虚实共振的创新增长,为文化遗产实现创造性转化与创新性发展提供了崭新契机。三是实现从网文出海单线布局到 IP 多元化海外传播的转变。中国网络文学在海外已经拥有颇为广泛且具有黏着性的读者基础,根据网络文学改编的电影、电视剧、动漫、游戏、展演等,也逐渐取得良好的表现成绩。应在科技与文化融合双轮驱动下,保持以自研自发、代理发行、投资合作等方式为主的中国游戏稳步出海,根据已经形成的文化影响趋势,集中打造中华文化符号,提升国家文化软实力。[①]

(4)文化算据

文化数据主要指的是对人类文化中传承下来的文化(包括物质的和非物质的)进行数字化采集后,得到的用于识别和展现文化的图像、文字、声音、动画、影片、三维全景、三维模型等数据。文化算据产业是一个更广泛的概念,它是以数据生成、采集、存储、加工、分析、服务为主的战略性新兴产业,是大数据技术在文化领域的运用。文化算据产业的形成标志着对于海量的文化大数据资源的技术运用进入了新的阶段。文化算据不仅关注数据的收集和处理,还强调通过技术手段对文化

---

① 温馨、张婧:《2023年新质生产力驱动数字文化出海整体观察》,《中国数字出版》2024 年第 3 期。

内容进行深入分析，以揭示文化的本质和内在关联，促进文化的传播和理解。2023年，文化算据产业约占文化数据产业的52.3%。文化算据产业的上下游涵盖文化数据要素化、文化数据交易市场构建、公共文化数据协同治理、文化计算等方面。

文化算据产业主要特征、趋势。一是海量性与复杂性。随着数字化技术的发展，文化数据的规模日益庞大，涵盖了文字、图像、音频、视频等多种形式。这些数据不仅数量巨大，而且结构复杂，需要高效的数据处理和分析技术来提取有价值的信息。二是多元性与交叉性。文化算据往往涉及多个学科领域的数据，如人文、历史、社会科学、自然科学等。这些数据通过社会计算、大数据、人工智能等技术手段相互交叉融合，形成综合性的文化分析基础。三是动态性与时变性。文化是一个不断发展和变化的过程，因此文化算据也具有动态性和时变性。随着时间的推移，新的文化现象和趋势不断涌现，旧的文化元素可能逐渐消失或演变。这种动态性要求文化算据能够及时更新和调整，以反映文化的最新状态。四是价值性与传承性。文化算据不仅是对文化现象的客观记录和分析，还承载着丰富的文化价值和意义。通过对文化算据的深入挖掘和分析，可以揭示文化的内在规律和特点，为文化传承和创新提供有力支持。五是可视化与可解释性。为了提高文化算据的可读性和可理解性，通常需要将其以可视化的形式呈现，如图表、地图、动画等。同时，还需要提供清晰、准确的解释和说明，以便读者能够正确理解文化算据所传达的信息和意义。

2. 新模式

当前，信息技术迅猛发展，文化和科技加速融合，促进文化领域形成新的创作模式、组织模式、消费模式和传播模式，为文化领域新质生产力的培育和发展提供坚实基础和广阔空间。

（1）文化创作新模式

文化创作的模式是指在文化创作过程中，艺术家或创作者所遵循的一种思维方式、创作方法和表现形式的总和。随着信息技术的日新月异，文化和科技深度融合促进了文化生产模式变革，重塑了文化创作的生产方式和组织结构，呈现出以下特点或趋势：

一是内容生产方式从PGC（专业生成内容）、UGC（用户生成内容）到AIGC（人工智能生成内容）的变革。首先是内容生产主体和生产方式的演化，内容生产主体实现了从专业化到多元化再到智能化的转型发展，有效提高了内容自动化且智能化合成的效率。内容生产方式也随着内容生产主体变迁而变化，经历了从单一网络技术向交互技术、互联网及运算技术，再到计算机视觉技术、多模态技术、机器学习等人工智能技术的演进，逐步形成"机械反馈－智能识别－深度学习"的技术生产驱动逻辑，大幅提高了AIGC的生产力。其次是内容交互方式和分发方式的改进。人机交互实现了从被动式反馈向多维操控再到智能交互的变迁，其本质是以具身传播为特点，通过增强虚拟现实等技术，实现人机对话和人的全面延伸。内容分发方式经历了从被动式搜索到算法个性化推荐，再到智能化预判分发的跃升；分发场景则从 PC 端信息门户到社交媒体、平台媒体，再到元宇宙等，其内在逻辑是算法演进的高度智能化，实现内容分发"所见即所得""所想即所得""所愿即所得"。最后是内容生产质量和生成效果的提升。PGC、UGC 和 AIGC 生产的内容形式均包括文本、代码、图像、语音、视频等多维领域，但内容特征则从垂直化到多元化再转向去中心化，海量数据、数字孪生和虚拟现实成为 AIGC 的显著特征。内容生产效果从 PGC 的专业度高到 UGC 的丰富度高，再到 AIGC 的生产效率、专业度、丰富度均高，呈现出内容生产质量 U 形曲线上升、生产周期缩减、规模指数级增长等规律，充分体现了人工智能赋能内容生产的魅力。[①]

[①] 何哲、曾润喜、秦维等：《ChatGPT 等新一代人工智能技术的社会影响及其治理》，《电子政务》2023 年第 4 期。

专栏 8

PGC、UGC、AIG 名词解释[①]

PGC 指专业生成内容，是一种由专业的创作者或团队创作、编辑和发布内容的方式，以主流媒体和长视频平台的内容生产为代表；这一生产方式在内容的高质量、深度性、专业性、针对性等方面具备优势，但生产成本相对较高，创作周期也较长，产能有限，难以应对快速变化的、个性化的市场需求。

UGC 指用户生成内容，是一种由用户通过互联网平台展示自己原创作品或向他人提供内容的方式。包括用户以任何形式在网络上发表创作的文字、图片、音频、视频等内容，豆瓣、贴吧等论坛，微博、微信等社交平台，抖音、快手、小红书等自媒体平台，都是以 UGC 模式为主的应用软件；这一生产模式创作自由度高，人人都是创作者，降低了生产成本，极大地提升了整个互联网的内容丰富度和形式多样性，也更好地满足了用户多样化和个性化的需求；但在极其丰富的内容背后存在着内容质量参差不齐的问题。

AIGC 指人工智能生成内容，是一种利用人工智能技术和自然语言处理技术来生产内容的方式。包括基于生成算法、训练

[①] 姚蕾、方博云：《AIGC 行业深度报告：新一轮内容生产力革命的起点》，《国海证券研究报告》，2023 年；曾润喜、秦维：《人工智能生产内容（AIGC）传播的变迁、风险与善治》，《电子政务》2023 年第 4 期；朱珺、吴晓宇、王星云：《传媒行业专题研究：AIGC 引领内容生产方式变革》，《华泰证券研究报告》，2023 年；杜雨、张孜铭：《AIGC：智能创作时代》，中译出版社 2023 版。

> 数据、芯片算力，生成包括文本、代码、图像、语言、视频等多样化内容。AIGC 综合了 PGC 和 UGC 的优点，每个人都可以零门槛成为优质内容的创作者，内容制作成本低，创作效率高，如与美联社、雅虎等外媒合作的 Automated Insights，其撰稿工具 Wordsmith 能在一分钟内生成两千条新闻，且单条质量可比拟人类半小时的作品质量。当然，AIGC 也有自己的不足，"人工智能生成的内容如何确定版权归属""AIGC 是否会被不法分子利用，生成具有风险性的内容或用于违法犯罪活动""广泛应用引发的系列道德和伦理问题"等都是现在人们争论的焦点。

二是创作导向从"流量为王"到"内容为王"的变革。"流量为王"是把流量作为一切的基础，"内容为王"是更加注重内容的深度、创意和用户价值，是指优质作品通过征服观众赢得票房、收视率和流量，取得好的经济、文化与社会效益。创作导向的改变带来两个方面的变革：一方面是长期短期导向的改变，"流量为王"的创作导向更加聚焦短期效益，"内容为王"则相对更加突出长期可持续效益。以"流量为王"的取向开展文化创作，所有的产品核心就是如何迅速获得关注和曝光，如影视行业，曾经有一段时间，剧本好不好并不重要，流量明星才是关键，有流量明星就会有大批粉丝买单。"内容为王"

更加注重内容的深度、创意和用户价值，好的作品就像不容易腐败变质的商品，保存时间长，边际效益持续期也长，长尾效应可以期待，新时代"内容为王"不仅要有合适的内容规模，合理的内容结构和高质量的作品，同时根据受众反馈和需求进行内容定制和创新，实现多元化和精准化的内容生产，提升整体内容品质与用户体验。以网络文学为例，2019年网文市场上出现一部爆款作品《诡秘之主》，10个月中累计7次登顶原创风云榜、收获起点读书2583万张推荐票、超200万条评论。这部网络作品之所以这么火，除了作品题材、世界构架、人物设定、叙述方式等方面原因外，起点的段评章评功能是一个非常重要的因素，吸引了大量的读者深入地参与到作品之中，甚至吸引无数盗版读者入正。另一方面是供给需求两端的改变，"流量为王"是从消费端出发的，是需求决定论的现实反映，流量的强势代表市场的强势和作品受欢迎的程度，"内容为王"是站在供给的角度来讲的，其实质是优质的供给能创造自己的需求。①

（2）文化组织新模式

文化组织模式是指在文化生产活动中采用的组织形式，是对所投入的文化资源要素、生产过程以及产出物的有机、有效

---

① 魏雄燕：《新媒体时代"内容为王"的新定义与构建路径》，《新闻文化建设》2024年第8期；喻文益：《"流量为王"的"善"与"恶"——"质量为王"才是真正的"王道"》，《人民论坛》2019年第6期。

结合和运营方式的概括。随着罗伯特·E·奎因和约翰·罗尔博竞争价值框架、卡明斯和沃利文化变革框架、NOBL 文化／市场契合模型、约翰逊和斯科尔斯的文化网络模型、理查德·格斯特兰跨文化商业行为模式等理论的发展，职能型组织模式、矩阵型组织模式、网络型组织模式、虚拟组织模式等多种文化组织模式在文化生产组织中得到了广泛应用。进入万物互联的物联网时代，随着生成式人工智能在文化生产中的推广应用，文化组织模式正在从分散单一的组织形态向柔性网络式的组织形态转变，从以经验驱动为主向以数据驱动为主转变，从以人为主导向人机协同转变，并呈现出以下特点或趋势：

一是柔性高效。随着数字网络技术和人工智能技术的不断推进，产业互联网＋产业链集群成为当下最高效的以销定产、以快打慢、以新打旧的产业组织方式，产业互联网加上中下游产业链集群水平分工垂直整合的产业组织新模式，通过数字化实现"万物发声"，通过网络化实现"万物万联"，通过智能化实现"人机对话"，通过智慧化实现"智慧网联"，构建数字化柔性供应链，实现市场需求、研发设计、生产制造、物流配送、市场销售等全网一盘棋，成为更高效、更灵活的生产和推广模式。[1]

---

[1] 黄奇帆：《新质生产力的逻辑内涵与实施路径》，《黄河科技学院学报》2024 年第 6 期。

二是数据驱动。进入大数据时代，文化生产制造不再依赖传统的主观臆断，而是由数据指导，通过数字化协作平台，实时收集和分析市场需求、市场数据等信息，为生产制造提供有力的数据支持，进而改变依据传统经验进行决策，实现数据驱动商业决策，数据驱动优化产品。

三是人机协同。随着 AGI 加速发展，组织内部的工作模式将得到重塑，驱动员工与机器或 AI 工具之间进行更为紧密的协作，引导人机交互和信息共享，为组织带来更高效、更优质的工作成果，人机协作有望成为 AGI 时代的主流组织模式。[①]

> **专栏 9**
>
> ## 文化生产组织的"SHEIN"模式[②]
>
> **希音（SHEIN）集团发展历程**：2008 年创始人许仰天成立希音前身南京点唯信息技术有限公司，主营搜索引擎优化，后续又做起婚纱生意；2012 年自建独立站，正式转战互联网平价时尚女装；2015 年将总部从南京搬到广州番禺，试水"小单快反"；2023 年，搭建平台招商官网，形成了"自主品牌+平台"的双

---

① 36氪研究院、Moka：《AGI 时代下的组织变革研究报告：AGI 掀起生产力革命浪潮，组织迎来生产关系变革》，2023 年 6 月。
② 高博文、陈子怡：《以 Shein 为例，看小单快反模式下的柔性供应链机遇》，《东方财富证券研究报告》，2024 年；黄奇帆：《新质生产力的逻辑内涵与实施路径》，《黄河科技学院学报》 2024 年第 6 期。

驱动发展模式；2024年，宣布将在广州增城区建设全国最大的跨境电商供应链总部。自2012年正式成立以来，以其创新的"小单快返、按需生产"的运营模式迅速崛起，成为全球领先的时尚和生活方式在线零售商。胡润研究院发布的最新的《2024全球独角兽榜》显示，希音以4600亿元的价值成为继互联网巨头字节跳动、马斯克名下的太空探索技术公司Space X、引领了新一轮人工智能风潮的OpenAI以及蚂蚁集团之后的全球第五大独角兽企业。

希音的生产组织模式：打造服装行业的产业互联网。希音公司按照产业互联网的布局逻辑，将与服装产业相关联的市场信息采集、需求分析、设计开发、生产制造、物流配送、产业链配套、线上线下销售的公司一网打尽，各种各样大大小小上万家企业通过互联网连接在一起，形成一个服装行业的产业互联网。通过对供应商进行数字化改造升级，搭建起数字化供应链体系——云工厂平台，搭载自研MES智能化协同管理系统，使商品中心、运营中心、生产部、设计部等多个部门的10套子信息系统之间数据互联互通。平台成员在生产端可追踪到每笔订单的执行情况，销售端可根据APP和独立站实时销售数据显示产品库存，达到临界值时系统会自动生成订单并派发到云工厂平台，由供应商抢单完成。打造线上供应商平台。招募300多家面料、辅料供应商，打造线上B2B供应商平台——希音淘料网，帮助入驻云工厂平台的中小服装加工企业便捷采购面料和辅料，并针对具体的服装设计给出采购意见，全方位赋能供应商数字化运营。

希音的成功秘诀：借势。借助广州独特的优势。希音背靠珠三角服装产业带，广州拥有"千年商都"积累下的深厚商业底蕴和完备的供应链体系，涵盖纺织服装、皮革皮具、美妆日化等多个产业集群，呈现出"小""快""省"特点。广州番禺区集结了多多跨境、比音勒芬等头部企业及超3.4万家中小服装企业，希音与周围供应商实现了从面料、印花、拍照、上架、流量测试、发货到补单的大部分环节的流畅协同和响应，兼具弹性和效率。借助产业互联网的优势。在数字化供应链驱动下，希音可提供更敏捷、更柔性的按需供应，将库存率从行业的30%~40%降低到个位数。滞销率方面，由于几乎没有实体门店，希音可直接从APP上抓取用户数据并进行偏好分析，72小时内完成设计，设计完成后立刻安排小批生产，立刻投放至APP及社媒平台追查用户反馈，整个交付周期约14天，真正实现了低库存、低滞销、快出货。

（3）文化消费新模式

文化消费模式是指在一定的生产力发展水平和一定的生产关系条件下，文化消费者和消费资料相结合来满足物质和精神需求的方法、途径和形式，既是文化消费关系和消费行为的体现，又从总体上反映文化消费行为的基本内容、消费态势和价值取向。进入数智时代，随着互联网和社交网络的发展、互联网移动设备的逐步普及，人们的消费方式和消费结构发生了很大的改变，数字技术赋能文化产业，催生出线上＋线下一体化消费、IP 消费、付费消费等多种新型消费模式，形成粉丝经济、体验经济、夜间经济、国潮文创经济、首发经济等多种消费形态，并呈现出以下特征或趋势：

一是多样化。数智技术的迅速发展带动了经济重构与消费升级，大数据、云计算、人工智能等技术与传统实体经济的融合发展进一步催生了文化新型消费模式和消费业态，形成了从线下消费到线上消费、从一次性消费到持续消费、从个体消费到群体消费、从免费消费到付费消费、从大众消费到定制消费、从单向体验到双向互动等多种消费形式，为消费者提供了更多便捷的文化消费选择。

二是数字化。数字消费的特性是以数据和数字技术为基础，通过数字化手段优化传统消费的流程和体验，实现线上线下消费、商品消费与信息消费、产品消费与服务消费、物质消费与精神消费有机融合，为消费者提供更加便捷化、个性化、多元化的商品和服务的消费模式。

三是 IP 化。文化 IP 消费是消费升级的重要形式之一，也是文化消费的重要特征，反映了消费需求更加多样化、个性化的趋势，故宫、文和友、茶颜悦色、霸王茶姬等都是典型的文化 IP 消费模式。例如，故宫作为我国传统文化最大 IP，致力于将传统文化与人们日常生活相结合，将文物与现代生活消费有效结合起来，打造文房书籍、宫廷首饰、彩妆、娃娃、文化衫等品类丰富的产品IP矩阵，形成"IP+文创+新消费"的商业模式，推动"皇家IP"走进百姓人家，故宫胶带、故宫口红等网红产品层出不穷，展现出历史与现代之约、文化与科技之美。

（4）文化传播新模式

文化传播的模式是指文化价值观念和信息在社会中传播的方式和形式，传播学奠基人哈罗德·拉斯韦尔提出了5W传播模式经典理论——（传播主体、传播内容、传播渠道与媒介、传播受众、传播效果），主要包括以信息整合为基础的相互传播、自上而下的根式传播、呈扩散状的波式传播、融合多种传播模式的复合型传播等。随着数字媒体技术的飞速发展，新一代信息技术深入融入文化传播全过程，推动文化传播逐渐从"单向被动"传播模式走向"双向互动"模式、从"线下实体"传播模式走向"线上平台"传播模式、从"大水漫灌"传播模式走向"精准体验"传播模式，呈现出以下典型特征：

一是传播渠道和媒介的多元化。大数据时代，电视、报刊等传统媒体已经不再是单一的传播媒介，传统媒体和互联网新媒体深度融合成为主流趋势，微信、微博、抖音等平台化传播渠道不断创新，动漫游戏（如《黑神话：悟空》）、重大文旅体活动（如奥运会、足球世界杯等）也成为文化传播的重要渠道和媒介。

二是传播内容和受众群体的精准化。随着大数据、大模型的兴起，媒体借助文化领域大模型能够快速捕捉热点话题和受众兴趣点,深入挖掘受众群体的需求和偏好,进而提供更加个性化的内容推荐,并精准推送至受众群体,极大提升了文化传播效能。

三是传播主体和受众的互动性。 在以往的传播形式通常是以线性传播与单向传播为主,造成传播主体与受众之间产生交流障碍,形成信息传播反馈的延迟与滞后。微信、抖音等数字化社交媒体互动平台的出现以及虚实融合技术的加快应用改变了传统媒体缺陷,逐渐改变受众在传播过程中的被动状态,有效促进了传播媒介与受众之间的互动交流,并能实现互动体验感更强的实时传播,让受众能身临其境地参与传播。

专栏 10

文化传播模式典型创新案例

故宫多元化文化传播。 一方面,故宫博物院紧跟新媒体潮流,打造媒体矩阵,早在 2001 年就建立了官方门户网站,利用媒体传播、人际传播等多种传播方式,在微信公众号、微信朋友圈、微博等平台上进行传播。仅微博一项,就包括"故宫淘宝""紫禁城杂志""故宫出版社"等众多账号,进行不同功能、不同目的的宣传,推动微博故宫矩阵向专业化、组织化发展。自 2013 年起故宫博物院上线了《胤禛美人图》《紫禁城祥瑞》《皇帝的一天》《韩熙载夜宴图》《每日故宫》《清代皇帝服饰》

《故宫陶瓷馆》《掌上故宫》等多款制作精良的APP，网络传播的载体不断丰富。另一方面，故宫顺应短视频的热潮，在抖音等平台上以动画形式宣传故宫文物及周边产品，生动形象、趣味十足。此外，故宫通过举办体验式活动（如古代手工艺品制作工作坊、古代音乐演奏会等）、与知名艺人和设计师合作等方式拓宽了传播渠道。

小芒电商的精准传播。自身定位精准。小芒电商是依托湖南卫视、芒果TV，基于长视频内容优势推出的面向年轻人的垂直内容电商平台，坚持"新潮国货"定位，构建"内容＋视频＋电商"商业闭环。受众群体精准。小芒电商精准锚定Z世代为核心消费群体，深度挖掘并运营多元化的圈层文化，精细化运营每一个圈层社群，专注于打造专属于年轻世代的"潮流消费热点"，与《乘风破浪的姐姐3》《大侦探》《披荆斩棘的哥哥》《花儿与少年·露营季》等节目开展多元联动，孵化出深受年轻人喜爱的《名侦探学院6》联名棒球服、《不设限毕业礼》学长团服、《乘风2023》联名训练服等多个爆款商品，成功汇聚了一群高购买力且忠诚度强的年轻用户。营销方式精准。利用大数据和人工智能技术，对用户行为、喜好等数据进行精准分析，更准确地把握用户需求，为用户提供个性化的购物推荐和精准营销，不仅提升了用户体验，也为小芒带来了更多的盈利机会。[1]

---

[1] 东方网：《超芒生态闪耀LEC：以IP为核心引擎，引领青年文化消费新纪元》，新华报业网，https://www.xhby.net/content/s669dbcf5e4b019ce56595d2d.html。

3. 新集成

元宇宙是数字与物理世界融通作用的沉浸式互联空间，是新一代信息技术集成创新和应用的未来产业，是数字经济与实体经济融合的高级形态。元宇宙是未来的业态集成，也是场景、装备、形态、产业等的新集成。元宇宙最初是由尼尔·斯蒂芬森在其创作的小说《雪崩》中提出的一个概念，即通过互联网创造的一个虚拟世界，其中的"化身"（Avatar）可以自由交互，仿佛真实世界的一部分。随着技术的不断发展，元宇宙开始指代现实世界的数字化映射：人们可以在虚拟空间中进行社交、娱乐、创作等多种活动。作为充分融合 AR/VR 等新一代交互技术和 5G、区块链、边缘计算、人工智能等新一代信息化技术的下一代互联网集大成者，元宇宙不应被简单地视为一个新概念或新技术，它更像是扩展现实、区块链、云计算和数字孪生等技术的具体落地，是新产业与新模式的系统集成。

（1）内涵和基本特征

元宇宙以人工智能算法、大数据和高性能计算平台为驱动内核，以扩展现实技术和数字孪生技术等沉浸式技术为感知外延，是由数字化技术所构建的，数字化虚拟世界和现实世界能够在一定程度上共存共生的数字样态。[1] 北京大学陈刚教授、

---

[1] 张辉、曾雄、梁正：《探微"元宇宙"：概念内涵、形态发展与演变机理》，《科学学研究》2023年第5期。

董浩宇博士认为"元宇宙是利用科技手段进行链接与创造的，与现实世界映射与交互的虚拟世界，具备新型社会体系的数字生活空间。"[①] 清华大学新媒体研究中心执行主任沈阳指出"元宇宙是整合多种新技术而产生的新型虚实相融的互联网应用和社会形态，它基于扩展现实技术提供沉浸式体验，以及数字孪生技术生成现实世界的镜像，通过区块链技术搭建经济体系，将虚拟世界与现实世界在经济系统、社交系统、身份系统上密切融合，并且允许每个用户进行内容生产和编辑。"[②]

从经济视角来看，关于元宇宙的定义有以下几种：集体虚拟共享空间论认为，元宇宙是架构于现实逻辑之上的超大虚拟空间，由虚拟增强的物理现实和物理持久性虚拟空间的融合创建[③]；技术发展趋势论认为，元宇宙是社会信息化和虚拟化的必然趋势，是互联网发展的终极阶段，是高度发达的、与现实互相交融但又不依托于现实的人造虚拟世界[④]。目前"元宇宙"概念并无统一的定义，但综合来看，"元宇宙"指的是基于虚拟现实技术、区块链技术、人工智能技术而建构的数字世界，

---

① 董浩宇：《"元宇宙"特性、概念与商业影响研究：兼论元宇宙中的营销传播应用》，《现代广告》2022年第8期。
② 新华社：《什么是元宇宙？为何要关注它？》，新华社微信，https://mp.weixin.qq.com/s/VLrBIPS1gcUJqajTREE9HQ。
③ 郑磊、郑扬洋：《元宇宙经济的非共识》，《产业经济评论》2022年第1期。
④ 方凌智、沈煌南：《技术和文明的变迁：元宇宙的概念研究》，《产业经济评论》2022年第1期。

能够扩展和增强现实世界，用户可以通过虚拟现实技术以化身（avatar）的形式与其他用户进行多种交互。①

2021年3月，元宇宙第一股Roblox在纽约交易所上市；同年10月，社交媒体巨头Facebook(脸书)宣布更名为Meta(元宇宙)；腾讯、微软、字节跳动等国内外科技巨头先后布局发展元宇宙。2023年全球元宇宙市场规模达到924.6亿美元，同比增长35.0%。中国元宇宙产业规模在2023年增长至766.3亿元，元宇宙产业链各环节企业迎来发展机会，预计到2026年中国元宇宙产业规模将达到1610.7亿元。元宇宙产业的上游主要包括通信网络基础设施、算力基础设施、技术基础设施等硬件制造和软件开发，中游包括终端入口、时空生成、交互体验，下游主要包括数字人、数字货币、虚拟社交、虚拟游戏等内容创作和分发、用户体验和社交互动环节。

元宇宙产业主要具有以下几个基本特征：一是元宇宙以区块链为技术基础。② 区块链技术是一种去中心化的分布式数据库技术，通过一个不可篡改的、共享的账本记录交易和数据，实现了去中心化的信任机制。基于这一技术的元宇宙中的所有信息都是公开的、"去信任的"，可以进行追溯和验证，这对

---

① 黄郑亮：《元宇宙产业的兴起逻辑、发展阶段与中国"元景"》，《上海对外经贸大学学报》2024第2期。
② 殷中钺、葛建华：《虚拟与现实的平行和交互：元宇宙特征及其对产业发展的影响解析》，《青海社会科学》2023年第3期。

于数据的安全保管非常有利；此外数据并不存储于某一个数据仓库，而是存储在无数节点构成的网络中，可以实现无限复制和扩展。二是元宇宙兼具数字孪生与数字原生。① 元宇宙可以映射物理世界，通过数字孪生，综合运用感知、计算、建模等信息技术，感知物理空间全要素数据，完成多尺度高精度 3D 建模及驱动渲染，实现物理空间与虚拟空间的虚实交互；同时，元宇宙也可以塑造一个独立于物理世界的数字空间，即数字原生，用于在数字空间中探索特有的生活方式和社交体验。三是元宇宙产业经济是元宇宙技术的表达。② 元宇宙市场份额是由技术所形塑，并构成其经济的整个骨架；元宇宙产业是从它的技术中涌现而出，它不仅随其技术进化而重新调整适应，还会随其技术进化不断形成和重构整个产经结构；元宇宙技术创造元宇宙经济产业，同时元宇宙经济也同频共振地调节着元宇宙新技术的创造。

（2）内容体系

元宇宙作为对新产业和新模式的系统性集成，是新业态相关的应用在未来落地的具体形态。对新集成的研究将从元宇宙的内容角度切入，通过梳理元宇宙产业体系、经济体系、社会

---

① 李家豪：《国内外元宇宙商业化发展趋势与宁波借鉴》，《宁波经济（三江论坛）》2024 年第 5 期。
② 陈林生、赵星、明文彪等：《元宇宙技术本质、演进机制与其产业发展逻辑》，《科学学研究》2024 年第 2 期。

体系等方面，形成对新集成这一概念的客观认识。

一是元宇宙产业体系。元宇宙产业的形成基于信息技术的创新，也必然会通过将新一代信息技术进行集成从而继续突破发展。元宇宙产业体系的分析至少应包括两个方面，一是元宇宙基础设施建设和相关产品的生产，二是相关市场主体及元宇宙产业链生态。

元宇宙产业的产品可以分为两类：一是构成元宇宙正常运行的基础设施，既包括互联网等大型公共设施，也包括个体接入元宇宙的外部设备。二是在元宇宙平台内生产的虚拟产品，包括网络视听、数字出版、动漫游戏、文化算据等新产业生产的数字产品。元宇宙中的市场主体除了传统的企业、政府之外，个人的创作与生产也十分活跃。元宇宙的产业链生态涉及领域和技术众多，主要依赖芯片、网络通信、虚拟现实、游戏、AI、区块链等相关产业，上下游之间壁垒较小，技术相互交叉融合。

随着元宇宙经济发展深入，在数字世界重现现实世界的经济发展轨迹，进而实现从对现实世界的复刻、模拟，逐渐变为现实世界的延伸和拓展，从狭义的平行虚拟空间延伸至广义的沉浸式数字化集合，最终引发经济社会的深刻变革。

二是元宇宙经济体系。元宇宙经济与现实世界经济的作用机制先从社交、娱乐和购物等生活愉悦感密切相关的领域切入，消费者在元宇宙空间中联系和体验技术的获得感增强以后，经济社会生活中越来越多的产业可能会进入元宇宙虚拟世界，引领现实世界的产业形态与消费方式变革。

从经济学视角来看，元宇宙经济体系不是突然出现的，是在适应数字经济的高速发展进程中逐步形成的，从分隔的现实物理世界进入互联网的比特虚拟世界。从早期网络游戏中的简单经济系统到现在的NFT（非同质化代币），元宇宙通过对工作量证明和权益证明的确认和确权确定元宇宙生产和活动的价值。因此，元宇宙产业普遍具有数字产品商品化、数字产品的生产和消费发生在元宇宙平台之上等特征。元宇宙经济的经济活动可概括为：社交、消费、生产等方面，元宇宙沉浸互动社交大大提升信息传播能力，逐渐构建新型虚拟社区，强化了社群经济商业模式；元宇宙中虚拟商品消费本质上是精神文化消费，对其认可和普及有助于促进消费转型升级；数字产品的生产在元宇宙中呈现碎片化、个体化特征，同时元宇宙可以赋能实体经济，使实体经济数智化，提高其经济效益。

三是元宇宙社会体系。随着生成式人工智能的快速发展，以大模型为代表的生成式人工智能技术正推动元宇宙向生成式元宇宙转变，这将会重塑人类的交往方式和交往场域，并深刻影响人类社会的交往关系和社会结构。[①]

元宇宙的短期呈现，可能是社交和娱乐领域内的高沉浸体

---

① 高奇琦、梁子晗：《生成式元宇宙的想象空间及其限度：一种政治现象学的分析》，《山东社会科学》2024年第8期。

验服务，主要体现为数字藏品、临场感更加真实的大型交互游戏和影音体验、"去中介化"的交流体验等，人可以随时随地沉浸其中；ChatGPT 已经客观地展现了一个语言的元宇宙，也让人们看到了人机互动更加可能的样态。元宇宙的中期呈现，可能是打造全媒体传播体系，布局元宇宙经济体，并整合各种应用，成为多功能汇聚的"全效媒体"，逐渐渗入人在现实世界的生产、交往、消费等实践活动中，使人"即时满足"。元宇宙的未来呈现，可能是由多个平台向统一平台演进，全球性的经济增值性更加明显，它旨在打造完善、属于"元宇宙人"的独立的经济体系和虚拟文明、数字文明，形成一个既超越现实世界、又与现实世界相融相生的"混合现实"世界。①

从共同富裕的视角来看，元宇宙作为数字虚拟世界和物理现实世界深度融合交互的重要平台，正在深刻形塑着共同富裕的发展样态和实施条件。数字化转型是实现高质量发展不可忽视的新生力量，科技创新是推进共同富裕的关键支撑，元宇宙作为整合多种新技术而产生的能够为用户提供沉浸式、在场感体验的互联网应用和社会形态，在共同富裕进程中能够促进持续性增长、助推共享式发展。用户可以生活在元宇宙社会关系中完成身份确证、进行生存和创造性实践，获得物质生活和精

---

① 石浩、杜仕菊：《元宇宙的现实境遇、逻辑批判及其未来进路：基于人的自由全面发展理论的分析》，《华东理工大学学报（社会科学版）》2024 年第 1 期。

神生活需求满足，有利于在物质生活层面促进民生保障体系的全民覆盖和均等化，同时完整勾勒出精神生活共同富裕的共享、共识、共情样貌。①

（3）最新应用

元宇宙的应用场景非常广泛，涵盖了社交娱乐、商业和工业、教育、医疗和科学等多个领域。随着技术的不断发展和应用场景的不断拓展，元宇宙将会对经济、文化和社会生活产生深远影响。

一是工业元宇宙。工业元宇宙不仅是元宇宙概念加上工业上的应用，更是一个极为复杂的技术体系，能够实现人、机、物、环境、系统等无缝连接，将虚拟现实、增强现实、数字孪生、物联网、人工智能等技术应用于工业生产。通过数字化和智能化技术，企业可以实现生产过程的可视化、优化和预测，提高生产效率和产品质量，实现虚拟世界与现实世界的融合。②

从实践来看，利用元宇宙技术，制造商可以在虚拟空间里进行产品开发，从而加快研发步伐；也可以通过对生产流程的数据化，实现对生产流程和资源利用的实时动态监测；还可以在工厂中使用连接的传感器或物联网设备，模拟虚拟世界中的

---

① 段光鹏：《面向元宇宙：数字时代共同富裕的发展新样态》，《人文杂志》2024年第6期。
② 周思雨：《工业元宇宙：重塑制造业的未来》，《中国工业和信息化》2024年第4期。

真实生产过程，让工人可以练习虚拟操作控制并针对不同的生产设置跟踪故障项目，而无需进行任何实际试运行。①

比如，宝武钢铁打造 AR 智能运维系统，为冶金企业带来了全新的设备运维工作方式，优化了以往需要原厂专家远程协助、后端专业技术人员与现场点检人员信息交流、检修作业的多岗协同场景。武汉路特斯全球智能工厂全过程采用 3D 数字孪生技术，利用 5G 网络将工厂设备的信号映射到虚拟工厂中，驱动模型与工厂设备同步动作，使虚拟的数字工厂和现实工厂成为一对孪生双胞胎。

二是消费元宇宙。互联网以便捷、高效的特征重新定义了人们对于消费方式和频率的理解，与之相比，如今飞速发展的元宇宙更是点燃了人们对于虚实空间交互的想象力，同时为以线下空间为代表的传统商业带来了新的可能。在技术演进与消费升级下，元宇宙已然赋能消费行业，人们的消费行为正由传统模式逐步向体验型、社交型、健康型的消费模式转变。

元宇宙建构全新消费体验，创造全新消费需求，优化精准消费。一方面，从线下到线上再到线上线下渠道互为融合，从静态图文到动态音视频再到虚实结合沉浸式宣传，从企业单向发布到客企双向沟通再到多元主体即时互动，元宇宙消费是消

---

① 李勇坚，冯明宪：《元宇宙推动制造业高质量发展：理论框架和实现机制》，《新经济导刊》2022 年第 4 期。

费伴随技术时代演进的新一轮跃升。另一方面，在生存基础型、功能实用型实物消费不断向品质发展型、享受体验型服务消费升级的过程中，消费者不再满足于现实层面消费，愈加追求虚拟乃至虚实交互层面的消费体验。①

消费端的旺盛需求催生庞大的交互性消费元宇宙市场机会。游戏被称为元宇宙的元领域，第二人生、沙盒游戏、Roblox 都是智能建模技术应用于消费元宇宙的典型代表。其中，Roblox 于 2004 年成立，后发布了同名大型多人在线创作游戏。2021 年，Roblox 公司在纽交所上市，估值超过 450 亿美元，被誉为元宇宙第一股。元宇宙消费既是我国扩大内需激活庞大消费群体、构建创新发展领先优势的全新赛道，也是应对国际经济形势促进现代社会发展、有利格局形成的战略选择。②

三是政务元宇宙。随着虚拟世界对现实世界影响力的不断增强，传统科层制度与治理范式将遭遇不同程度的挑战，政务元宇宙作为虚拟世界与现实世界虚实相生的政府治理新模式和公共服务供给新体系，不仅能够表现出强大的组织整合功能、任务激励功能及社区自治功能，还能驱动组织内部变革与外在治理的双重转型。

---

① 张宇东、张会龙：《消费领域的元宇宙：研究述评与展望》，《外国经济与管理》2023 年第 8 期。
② 郭海、杨主恩、丁杰斌：《元宇宙商业模式：内涵、分类与研究框架》，《外国经济与管理》2023 年第 3 期。

政务元宇宙是利用人工智能、区块链、虚拟现实、增强现实、数字孪生等新型技术，以场景化、沉浸式、交互式方式创新政府决策、治理和服务，建成高效、参与、透明、互动、开放的新型治理模式，打造便捷智慧、公平普惠、泛在可及的数字化服务体系与治理模式。①

政务元宇宙具有整合、激励、自治等功能，而这些功能在数字信息技术加持下，能够发挥科层制政务服务难以比拟的效能，使政务服务的供给不再受物理空间限制，高效便捷办理各项政务事项的同时实现政府权力边界收缩、政策过程民主化、组织形态扁平化及整体去中心化，加强政府与民众的互动，提升政府公信力。②

---

① 孟庆国、严妍、赵国栋：《政务元宇宙：数字政府建设的新愿景》，中译出版社 2022 年版，第 49—50 页。
② 金华、祝天智：《政务元宇宙赋能公共治理：治理契机与风险因应》，《华侨大学学报（哲学社会科学版）》2024 年第 3 期。

第 4 章

怎么融合：
找准文化和科技融合的切入点

任何事情都有其内在规律和本质特征，从中找准切入点，实现最优资源配置，激活最大发展动能，是干事创业的重要方法论。只有准确把握文化和科技融合的发展趋势、关键问题，沿着"技术支撑→事业产业发展→文化传播→机制探索→安全保障"的逻辑主线，才能集中资源和力量推动文化和科技深度融合。

一、技术突破：聚力融合共促

1. 培育文化领域国家战略科技力量
- 加强文化领域科技创新平台建设
- 更好发挥高水平研究型大学主力军作用
- 加大文化科技领军企业培育力度

2. 加快文化科技关键核心技术攻关
3. 突出前沿技术引领

二、发展产业：抢占融合先机

1. 推动产业集聚
2. 培育骨干企业
3. 抓好重大项目
- 明确文化科技融合在国民经济和社会发展中的战略地位
- 策划实施一批重大文化科技创新示范性项目

三、繁荣事业：增强融合福祉

1. 提升公共文化服务数字化水平
2. 加强文化遗产保护传承
3. 促进文艺作品与前沿科技融合
- 实现优秀文艺作品永久保存
- 推动科技赋能艺术精品创作
- 加强文艺作品数智化普及

怎么融合：找准文化和科技融合的切入点

四、加强传播：提升融合质效

1. 推动党的创新理论高质量传播
2. 推动全媒体传播体系建设
3. 推动数字文化出海
- 优化政策支持和配套服务
- 促进数字文化创新
- 深化文明交流互鉴

五、改革创新：探索融合机制

1. 构建科学领导机制
2. 构建协同创新机制
3. 构建市场导向机制
4. 构建要素配置机制

六、安全发展：防范融合风险

1. 守住意识形态红线
- 健全内容智能风控体系
- 加强舆情监测与预警平台建设
- 加强意识形态安全管理

2. 守住数据安全防线
3. 守住科技伦理底线

一、技术突破：聚力融合共促

习近平总书记指出："科技创新能够催生新产业、新模式、新动能，是发展新质生产力的核心要素。这就要求我们加强科技创新特别是原创性、颠覆性科技创新，加快实现高水平科技自立自强。"[①] 科技作为第一生产力，始终是推动文化创新发展的重要驱动力。人类文化业态发展史就是一部文化和科技不断融合发展的历史，从图书、报刊，到广播、电视，再到网络视听、数字文旅，技术的每一次重大进步和突破，无不带来文化传播方式和业态的巨大跃升[②]。在新的起点上，走好文化和科技深度融合之路，必须坚定不移实施创新驱动发展战略，瞄准未来科技和产业发展的制高点，聚焦制约文化和科技融合的

---

① 习近平：《发展新质生产力是推动高质量发展的内在要求和重要着力点》，《求是》2024 年第 11 期。
② 陈方芳：《加快推进文化和科技深度融合》，《光明日报》2024 年 7 月 25 日，第 6 版。

重大科技瓶颈问题，以培育文化领域国家战略科技力量为引领，以提升原始创新能力和突破文化科技关键技术为主攻方向，加强颠覆性技术和前沿技术研究，全面增强科技对文化发展的支撑作用。

1. 培育文化领域国家战略科技力量

国家战略科技力量是体现国家意志、服务国家需求、代表国家水平的科技中坚力量，是实现科技自立自强的关键。推动文化和科技深度融合，首要的任务是加快文化领域国家战略科技力量培育。国家实验室、国家科研机构、高水平研究型大学、科技领军企业都是国家战略科技力量的重要组成部分。做好文化和科技的"融合题"，必须发挥好这些"国家队"的中坚作用。

一是加强文化领域科技创新平台建设。科技创新，平台先行。高能级科创平台，是创新要素的集聚地，是突破科学前沿和关键核心技术的"实力担当"，也是支撑产业高质量发展的"坚实底座"。目前，我国文化领域高能级科技创新平台数量依然偏少，尤其是解决"卡脖子"技术难题的重大科技创新平台较为缺乏。要紧抓全国新一轮战略科技力量布局机遇，加快推进文化领域国家实验室、全国重点实验室等高能级科技创新平台建设。要聚焦影视传媒、新闻出版、动漫游戏、文化装备、优秀传统文化传承与保护等领域，统筹建设一批工程技术研究中心、产业创新中心、技术创新中心、企业技术中心和中试平台等。

要支持中国科学院等国家级科研机构在文化领域优化科研力量布局，强化重大科技任务联合攻关，加速重大创新成果转化落地。

<u>二是更好发挥高水平研究型大学主力军作用</u>。高水平研究型大学是国家战略科技力量的重要组成部分，是基础研究的主力军和重大科技突破的生力军。要引导高水平研究型大学紧密对接文化科技产业发展需求，加强新文科、新艺科建设，增设文化科技相关专业，培养进行文化建设、科技创新的研究型人才。要支持具备条件的高水平研究型大学以卓越工程师培养为引领，培养文化科技产业专业人才，形成有效支撑文化科技产业发展的人才队伍。要鼓励和支持高水平研究型大学优化研究方向布局，围绕文化和科技融合关键领域，打造优势学科，开展基础研究和前沿探索。要支持高水平研究型大学联合科研院所、文化科技领军企业深化产教融合，协同建设文化和科技融合创新领域的国家级及省部级科技创新基地，共建学科类重点实验室，促进创新链、产业链与人才链深度融合。

<u>三是加大文化科技领军企业培育力度</u>。科技领军企业处于市场最前沿，既是科技创新的"出题人"，也是"答题人"和"阅卷人"。要充分发挥企业在文化和科技融合中的主体作用，大力培育壮大文化领域科技型中小微企业和高新技术企业。要支持重点文化科技企业对产业链关键环节和核心技术实施兼并重组，加快产业链关键资源整合，打造一批文化科技"链主"企业、生态主导型企业和"隐形冠军"。要探索建立文化科技企业主

导文化产业技术创新的体制机制，鼓励和引导文化科技企业超前布局前沿技术和颠覆性技术，加强基础研究和原创技术供给。要支持有条件的文化科技领军企业参与乃至牵头国家实验室等重大科技创新平台建设，主动承担国家重大战略性科学任务、科技工程和重大专项。支持文化科技领军企业联合高校院所和其他组织组建文化产业创新联合体、产业技术研究院和新型研发机构等，推动科技创新成果及时应用到文化产业和产业链上。

2.加快文化科技关键核心技术攻关

推动文化和科技融合发展走深走实，必须牵住关键核心技术攻关这个"牛鼻子"。要瞄准文化科技融合领域关键核心技术特别是"卡脖子"问题，加快补短板、强弱项、填空白，全面提升自主创新能力，努力实现文化科技关键核心技术自主可控。

一是加强文化共性关键技术研发。技术，尤其是关键共性技术，是把握新一轮产业革命发展机遇、实现文化与科技深度融合的重要法宝，也是推动文化产业发展动能转换、建设现代文化产业体系的关键力量。当前，我国文化和科技融合还存在原始创新能力不强、关键共性与核心技术受制于人、科技对文化发展的供给不够等问题，文化发展的科技支撑体系有待完善[①]。要加强文化共性关键技术研发，以数字化、网络化、智能化为技术基点，开发内容可视化呈现、互动化传播、沉浸化体验技术应用系统平台与产品，优化文化数据提取、存储、利用技术，发展适用于文化遗产保护和传承的数字化技术和新材料、新工艺。要重点突破阻碍文化与科技深度融合的关键共性技术，加强人工智能、自适应感知、新型交互模态等智能基础理论与方法研究，开展人机交互、混合现实等关键技术开发，推动类人视觉、听觉、语言、思维等智能技术在文化领域的创新应用。要加快文化领域共性关键技术标准研制，建立健全文化技术标准化体系和产业评估体系。

二是加强文化保护、传播与管理技术研究。文化与科技融合是两个维度、多个层面、不同因素的互动、渗透和相融，是复杂的系统性工程。现阶段，文化和科技更多表现为科技向文化领域的选择性切入而非融合，不仅文化领域还有丰富的科技应用场景有待挖掘和开发，而且科技在文化生产创作、传播流动和消费体验等链条的应用也不够深入[②]。要加快适应信息技术迅猛发展新形势，加强文化保护、传播与管理技术研究，以市场多元化需求为导向，精准地将符合用户偏好的科技成果应

[①] 钟君：《探索文化和科技融合 增强文化软实力》，《湖南日报》2024年6月20日，第7版。
[②] 张雅俊、夏杰长：《文化与科技融合的驱动机制、挑战及对策》，《行政管理改革》2024年第6期。

用于实际文化场景中，不断提高文化生产效率。要鼓励非物质文化遗产新材料、新工艺、新利用研究，推动古籍文献、古陶瓷等文物资料的多元信息提取技术研究。要开展文化资源分类与标识、数字化采集与管理、跨媒体知识演化与推理、VR/AR虚拟制作、智能创作等文化生产技术研发。要开展文化产品多渠道多网络发布与多终端呈现、文化艺术数字化传承与沉浸式展演、文化资源流通与交易安全等文化传播技术研发。要开展基于大数据的个性化推荐、产品与服务质量评估等文化服务技术研发。

三是提升文化装备及产品技术水平。当前，我国高端文化装备依然需要大量进口，给产业链供应链安全带来挑战，提升文化装备及产品技术水平迫在眉睫。要充分发挥我国制造业产业体系健全、产业规模大、产业链完整的比较优势，引导装备制造、电子信息、先进材料、生物科技等科技资源加快融入文化产业，推动文化产业技术装备、专用设备、终端设施的制造技术提档升级，促进物联网、机器人等在文化制造领域率先应用，全面提高文化制造业的科技含量。要加快虚拟现实、增强现实、扩展现实、游戏交互引擎、人工智能等关键技术在文化旅游领域的应用，培育一批数字文化装备重点企业。要大力研发绿色印刷、数字印刷、新型影院系统、数字多媒体娱乐设备、智能家庭娱乐、流动演出系统、沉浸式体验平台等高端数字文化装备，发展演艺、公共文化、游乐游艺、旅游基础保障和专项旅游装备制造业。要支持文化装备及产品关键核心技术研发，实现文化领域重要软件系统和重大装备的自主研发和安全可控。

3. 突出前沿技术引领

前沿技术是指那些处于科技领域最前沿、具有创新性和颠覆性的技术，它们通常代表着未来的发展方向和趋势。文化和科技融合，本质上是高新科技向文化领域的选择性切入，必须更加突出前沿技术引领，抢抓全球文化科技发展先机，在基础前沿领域奋勇争先。

一是加强基础研究。基础研究是形成科学技术优势和制高点的根本途径，是所有技术问题的总开关。要坚持把提升原始创新能力摆在更加突出的位置，面向文化和科技融合的基础前沿，集聚优势力量，形成攻关合力，重点部署以应用为导向的基础研究，加大对数字技术、数字内容和安全播出等核心技术的研发力度，努力在影视摄录、高清制播、舞台演艺等高端文化装备技术领域攻克瓶颈技术，产生更多从0到1的颠覆式成果。要加快推动文化艺术与传播学、心理学、计算科学的融合，发展新兴交叉学科和数字文化保护、大数据应用算法模型等基础性研究，提高和加大文化科技创新的效率和深度，探索文化发展的新内容新形式、文化传播的新路径新表达、文化产业的新业态新动能。要统筹发挥好各类创新主体在基础研究中的作用，支持高校院所聚焦世界文化科技前沿，自主布局前瞻性基础研究；引导新型研发机构在应用基础研究组织模式、人才引进等方面积极探索，推动基础研究、应用研究和技术创新贯通发展；鼓励和支持有条件的文化科技企业作为研究主体加强产业技术基础研究，重点解决文化和科技融合实践中的共性基础问题。

二是强化前沿技术研究与布局。要强化应用牵引、突破瓶颈的导向，瞄准文化科技融合前沿重大科学问题和国家重大战略需求，前瞻布局 AIGC 内容生成、超高清 3D 内容采集、高精度动作和表情捕捉、三维声、云渲染、柔性显示、全息投影、数字孪生、裸眼 3D、元宇宙、区块链等具有引领性、变革性、颠覆性的新方向新技术，前瞻谋划和部署一批重大科技项目和科技工程，实现具有重大国际影响力的科学前沿突破。要完善文化科技重大科研任务形成机制，加强从基础研究到关键技术研发、成果转化、集成应用等创新链的一体化设计。要明确企业、科研院所、高校、社会组织等各类创新主体功能定位，构建开放高效的创新网络。

二、发展产业：抢占融合先机

习近平总书记指出："要顺应数字产业化和产业数字化发展趋势，加快发展新型文化业态，改造提升传统文化业态，提高质量效益和核心竞争力。"[①] 文化科技融合要加快适应信息技术迅猛发展新形势，注重"新"的培育，做好"旧"的改造，推动改革和发展高效联动，抢占产业制高点，进一步塑造发展新动能新优势。

1. 推动产业集聚

打造文化和科技融合产业集群是延链、补链、强链，发展新型文化业态，形成新的经济增长点的必然要求。要加强文化产业数字化布局，围绕业态更新、产城融合、产业集聚，探索出一个以业态升级为核心的创新发展模式，以产业集聚打造新

---

① 习近平：《在教育文化卫生体育领域专家代表座谈会上的讲话》，《人民日报》2020年9月23日，第2版。

业态发展的新高地。

一是加快发展新型文化业态。推动前沿科技与文化产业融合创新，培育壮大微短剧、动漫游戏等新兴产业，加快布局元宇宙、科幻等未来产业，改造提升长视频内容、出版、陶瓷、茶叶、烟花等传统产业。首先，壮大新兴产业。要全力推动微短剧内容产业创新发展，依托国家级文化科技融合示范基地，打造一批集创作、拍摄、制作、发行、交易、衍生于一体的微短剧线下物理地标。要紧抓技术更新迭代的机遇，整合利用好国内外的文化资源、人才资源等各类资源，推进大数据、云计算、人工智能、区块链等新兴技术在动漫游戏行业的广泛应用，加强特色原创产品研发，推动文化和科技资源优势转化为动漫游戏产业发展优势，拓展动漫游戏产业发展空间。其次，布局未来产业。要推动扩展现实、三维、数字孪生、人工智能、区块链、海量存储等元宇宙直接关联技术的迭代升级以及其在文化领域的转化应用，加快元宇宙应用场景拓展，开启文化和科技融合新未来。要发挥科幻探索性和前沿技术增量器作用，瞄准高端、智能产业方向，充分布局未来信息、未来制造、未来空间、未来健康等关键领域，推动科幻文学、科幻影视、科幻游戏、科幻衍生品、科幻文旅等产业发展。再次，提升传统产业。要聚焦高格式工业化技术业态，利用新技术赋能长视频内容生产，并推动经典内容 IP 与电商、文旅、娱乐等业态深度融合，探索音频和视频融合发展新模式，拓展长视频内容变现方式。要积极探索前沿数字技术在出版产业领域的研发应用，充分挖掘满足出版融合发展业务需要的各类适配技术，促进数字出版内容的多介质、多角度延伸，打造出版产业与数字技术融合发展的新产品、新服务、新模式。要促进陶瓷、茶叶、烟花等传统文化产业数字化转型升级，利用数字化技术进行保护传承。

二是聚焦产城融合。 理想的文化产业园区是特定空间内，一定数量同类或关联度高的企业聚合，有完备的公共服务、品牌企业、特色产品，园区和社区之间的融合度较高，对经济发展有较大带动作用。但现有的文化科技园区基本照搬传统工业园区或科技园区的模式建设和管理，"重孵化企业数量、轻孵化质量"，忽视了文化科技集聚效益的深度开发。要将文化科技产业园区建设纳入产业发展总体规划，合理布局一批功能定位明确、产业特色鲜明的文化科技产业园区，避免盲目发展、重复建设，防止空壳化、同质化现象发生。要坚持人本导向，促进产城融合，通过功能转换和创意更新推动文化产业园区转型升级为多功能新型城市社区。要以文化产业功能区建设为重点，打造高集聚度的文化企业集群和有竞争力的中小微企业群落，培育具有国际影响力的文化产业园区，实现文化产业与经济社会、城市功能的协同发展。要加快提升文化产业园区的品质，带动城市更新美化，构建创意空间与工作、生活联动的"园区、商业、社区"发展模式，将园区打造成为居民的文化客厅和休闲驿站，提升城市文化形象和品牌价值。

三是突出特色化差异化发展。 各地文化科技融合进展不一,北京在示范基地和数字文娱企业方面领先,广东在数字创意产业和用户体验上表现突出,湖南在音视频生产和文化创意方面具有优势。要推动各地文化产业的差异化发展,基于地方特色和比较优势,促进产业"雁阵"分工布局,发挥文化产业集聚的空间溢出效应,以北京、上海、广东为核心增长极,以长株潭都市圈、成渝城市群为新兴增长点,推动形成粤港澳、长三角、京津冀等文化科技产业圈,构建起一个覆盖东南西北的复合型网状文化科技融合创新体系,带动全国文化科技产业发挥特色、相互支撑、协调发展。

2. 培育骨干企业

企业是推动文化和科技融合的主要驱动力量。要夯实文化科技企业主体地位,培育一批文化科技领军企业,实现创新链、产业链、资金链、人才链深度融合,以头部企业提升产业发展量级。

一是实施文化科技领军企业领航计划。 要支持全国文化企业30强做优做强,创建3—5家国际一流的国家文化和科技融合示范基地。鼓励领军企业利用资本市场扩大规模,对其上下游配套企业通过战略合作、资产重组、资源共享等方式快速扩大规模,形成一批文化科技"链主"企业和生态主导型企业。要重点建设一批研发水平高、技术优势突出、引领作用强的标杆型文化科技企业，积极培育一批成长性高、创新活力强的独角兽企业和新领军者企业。要支持领军企业承担国家部委和省重点科技计划项目。要发挥国有文化领军企业示范带动作用，以产业研究院为主导，联合高校、科研机构和文化科技企业，打造产业创新联合体，构建大中小企业融通发展、产业链上下游协同创新的生态体系。要鼓励领军企业加强基础研究和关键共性技术研究，深化与高校、科研院所的合作，实现产业链关键核心技术自主可控，增强原始创新能力。

二是实施文化科技企业新业态培育工程。 要促进文化科技企业技术、管理、组织和商业模式创新协同发展，示范和带动广大文化科技企业走数字化发展之路。要推动国家高新技术企业认定向文化科技企业倾斜，制定文化科技企业新业态创新激励政策，开展新业态研发交流学习活动。要鼓励文化科技企业探索新型开放共享式创新模式，同时通过实施内部知识产权保护措施激励内部众创、知识产权转让交易等形式拓展新业态培育渠道。

三是实施文化科技企业品牌建设工程。 要引导细分领域内文化科技企业不断开展技术创新、产品创新、服务创新，树立品牌形象，赋予品牌更多的创新内涵，提高品牌影响力和认知度，提升企业商誉和品牌价值，打造一批享誉世界的文化科技企业品牌。要提高"中国元宇宙大会""中国科幻大会""星球奖"国际化水平，吸引更多企业、人才参加。要依托国家文化出口重点企业和项目，整合利用文化和科技两类资源，着力打造文化科技融合品牌，培育具有核心IP和全产业链布局的龙头企业，推动优质作品"出海"，进军全球市场。

3. 抓好重大项目

重大项目是推动文化和科技融合的关键支撑。当前，我国文化和科技融合项目同质化问题比较突出，深度和广度也有待进一步拓展。要贯彻落实国家有关文化和科技融合的决策部署，科学谋划和滚动实施重大项目，增强文化和科技融合的项目支撑。

一是明确文化科技融合在国民经济和社会发展中的战略地位。随着新一代信息技术快速迭代，信息基础设施不断普及，数字经济在全球范围内兴起，数字化成为文化产业的重大发展机遇。为此，各国纷纷制定出台多项发展战略和政策进行专门推动，将文化产业数字化作为文化科技融合的重要方向。要强化顶层设计，确立文化科技融合明晰的发展目标。积极围绕京津冀协同发展、长三角一体化、粤港澳大湾区、长江经济带、黄河流域生态保护和高质量发展等重大国家战略，同步深度布局文化产业数字化发展战略，从战略视角进行系统规划，出台具有前瞻性的政策，以引导新兴业态健康有序成长。

二是策划实施一批重大文化科技创新示范性项目。要聚焦龙头企业发展壮大过程中最急需补齐的技术短板，谋划布局一批攻关项目和重大平台。要进一步完善国家文化科技融合发展项目库和省级重大文化科技融合产业项目库管理机制，推动智能生成算法、分布式身份认证、数据资产流通、感知交互、数字孪生、网络与计算等文化科技融合相关产业关键技术在国家重大科技项目中的布局，加强项目建设认证，创新政策支持工具，开展建设跟踪评估，实施项目动态管理。要加速国家文化大数据体系、国家文化公园、新时代文明实践中心等重大文化项目落地，完善中央和地方建设工作领导机制，建立项目总库，高质量开展建设。要支持各地依托特色资源，规划布局、投资建设、运营管理一批重大文化科技融合攻关项目、科技工程、研发项目等，支持重大共性技术和新产品的研发。

三、繁荣事业：增强融合福祉

习近平总书记指出："发展文化事业是满足人民精神文化需求、保障人民文化权益的基本途径。"[①] 数智化时代，推动科技赋能文化事业高质量发展，为人民群众提供更加深入人心的文化内容、更高质量的文化服务，是增强人民群众文化获得感幸福感的关键之举。

1. 提升公共文化服务数字化水平

推进公共数字文化建设，是文化强国建设的必然要求，也是更好满足人民群众精神文化生活需要的重要途径。要加快促进公共文化服务和前沿科技深度融合，提高公共文化服务的供给质量，缩小公共文化服务的城乡差距。

一是加强公共数字文化基础设施和服务平台建设。数字文

---

① 习近平：《在教育文化卫生体育领域专家代表座谈会上的讲话》，《人民日报》2020年9月23日，第2版。

化基础设施和服务平台是把海量优秀文化资源存储好、运用好、发展好的基础，是推进文化数字化的重要依托。要推进国家文化专网和国家文化大数据体系建设，做好文化资源数据的存储、传输、交易和数字文化内容分发，构建低成本、广覆盖、可靠安全的文化数字化算力服务体系。要支持各级各类公共文化场馆的数字化、智慧化改造，提升重点院馆的数字化水平，推动图书馆、方志馆等加强馆藏特色资源、古籍文献的数字化开发利用。要积极建设文化数字化服务平台，加快文化资源的数字化转化与整合，增强文化数字内容展示与供给能力。要加快文化数字化建设示范基地建设，探索公共数字文化设施建设和管理创新，充分发挥示范基地的标杆和引领作用。

二是实施公共数字文化惠民工程。实施公共数字文化惠民工程是适应数智化时代发展、满足人民群众文化新需要的必然要求，对增强全社会文化素养、促进社会和谐发展具有重要意义。要优化基层公共数字文化服务网络，创新开展云展览、云阅读、云视听等数字化文化活动，确保文化数据、文化知识等覆盖基层各个角落，惠及每一个人。要推动各级各类公共文化场馆创新服务手段，以线上与线下相结合的方式，开展全民阅读推广和艺术普及活动，探索公共文化服务的个性化定制。要重点推进公共数字文化"适老化"改造，延伸服务链条、创新服务方式，切实提高老年人的智能终端操作及数字信息获取能力。

三是促进城乡公共数字文化服务一体化发展。让农村搭上文化数字化"便车",弥合城乡文化发展"数字鸿沟",是文化和科技融合的应有之义。要深化智慧广电乡村工程建设,加快农村地区有线电视网络光纤化、IP 化、双向化改造。要按照资源共建共享、数据开放互联的原则,构建统一的城乡公共数字文化资源库,推动各类公共文化资源在城乡间无障碍流动与共享,促进优质文化资源信息交互连接。要积极探索多样化的公共文化供给方式,用好微信公众号、手机 APP 等移动网络平台,加快农家书屋数字化建设,搭建 24 小时不间断的"全天候"数字阅读与学习服务,开展农村公益电影延伸服务,加强面向困难群体的公共数字文化服务。

2. 加强文化遗产保护传承

辉煌灿烂的文化遗产承载着中华民族的基因和血脉,蕴含着激发文化创新创造活力的密码和动能。保护好、传承好文化遗产,对于赓续历史文脉具有重要意义。文化和科技融合既是对历史的尊重和传承,也是对未来的探索和创新,是让文化遗产在新时代焕发新的光彩的重要动力。

一是做好文化遗产采集和存储。文化遗产采集、存储是加强文化遗产保护和利用的前端需求。要支持文物数字技术重点实验室建设,推广应用三维激光扫描、摄影测量等技术,提升文物和文化遗产数字化效率和精度。要建立健全文物和文化遗产数字化档案,探索低成本、轻量化、高时效采集模式,加快构建以数字孪生为底层支撑的保护利用解决方案，对文物和文化遗产提供一站式保护。要借助图像处理技术，深入挖掘文物和文化遗产的文化基因及演化路径，加快构建数字资产关联的知识图谱，实现数据到文字、文字到视觉的转化。要加快构建文物和文化遗产领域多层次标准体系，设计流通范围更广、编目成本更低的数据格式规范，制定数据交换和接口标准，支持跨平台、跨系统的数据共享和协同作业，增强文物和文化遗产数字资源的通用性。

二是创新文化遗产的管理和展陈。资源库建设是管理和展现文化遗产价值，让公众足不出户欣赏世界文明之美的重要窗口。要面向全球博物院（馆）有文博资源的社会机构和个人，以及文创、影视、动漫游戏、碑林活化等产业上下游企业，构建集文物素材、衍生产品、民间藏品于一体的文化遗产数字化资源库平台体系。要在数字资源库中完善文化遗产智能化搜索、云展览、云教育、主体交互、场景体验等功能，贯穿文物考古、保护、管理、研究、展示以及商业化全链条，提供跨越时空的文化遗产共享资源与增值服务。

三是加快文化遗产价值实现。加快价值实现是加强文化遗产保护和利用的重要途径，是提升文化遗产资源价值的重要抓手。要完善服务配套，为文物和文化遗产数字资源提供评估定价服务，为数字艺术品和数字收藏品的交易、质押、保险等提供相应的信用评定和信用证明等权威服务，为民间个人藏家、小微型机构等用户群体提供鉴定申请、签约、鉴定反馈、区块链认证等文物鉴定服务。要稳步探索设立文物和文化遗产数字资源交易所,确保文物和文化遗产数字资源二级市场交易可行合规,实现数字文博资产一站式交易。

四是推动文化遗产价值转化。推动文化遗产价值转化是数智时代提高文物和文化遗产社会效益和经济效益的必然要求。要支持打造共创共享的自成长平台,授权文物和文化遗产数字资源及创作工具,吸引内容创作者、产业链上下游企业、用户进行二次创作,打造内容二创、博物馆文化研学等产品。要依托文物和文化遗产数字资源库的海量 IP 资源,运用自创、联合或授权等方式,开展 IP 文创衍生品开发,支持优质文创衍生品孵化,推动文博资源价值开发。要借助超高像素处理、数据可视化算法等技术,构建文物和文化遗产大百科、智能化索引、个性化推荐、互动交流、兴趣小组等功能板块,满足用户在知识获取、文物考古、个人藏品展示、交流答疑、在线研学等方面的多样化需求,打造文化遗产知识互动社区,让文化遗产更富时代价值。

3. 促进文艺作品与前沿科技融合

"文艺是时代前进的号角,最能代表一个时代的风貌,最能引领一个时代的风气。"① 坚持以培育和践行社会主义核心价值观为引领，利用数智技术赋能文艺作品的保存、创作、传播，是增强文艺作品价值引导力、文化凝聚力、精神推动力的重要力量，对推动文化繁荣具有重要意义。

一是实现优秀文艺作品永久保存。随着时间流逝，文艺作品面临着自然老化、损坏或丢失的风险，数字化是文艺作品实现永久保存的技术手段。要支持文艺院团、群艺馆（文化馆）等机构使用高分辨率的扫描仪、相机、音频录制设备，应用人工智能和图像处理技术，加强对传统戏曲、非遗文化的数字化修复。要建立统一的文艺作品数字化标准，确保数据的一致性和互操作性，为整合不同平台和数据库资源、扩大数字化资源的覆盖范围奠定坚实基础。要构建稳定可靠的云端数据库，建立健全数据定期备份机制，对音乐、戏剧等各类文艺作品进行数字化集中存储和分类管理。

二是推动科技赋能艺术精品创作。随着人民生活质量的提高和生活节奏的加快，人民群众对文艺作品的要求越来越高。科技提供了新的艺术媒介和创作工具，不仅促进文艺作品品质提升，而且为文艺发展开辟了无限可能。要根据不同文艺作品的特点与实际需要，运用虚拟现实（VR）、增强现实（AR）

---

① 习近平：《在文艺工作座谈会上的讲话》，《人民日报》2015年10月15日，第2版。

等多种数字技术，推动文艺作品形式和内容创新，让观众获得身临其境般的沉浸式、互动性艺术体验。要支持音乐、绘画、文学作品、戏剧等领域开发生成式人工智能，辅助文艺创作，并打造互动平台，让观众更加主动地参与到艺术创作过程之中。要用好大数据分析，让文艺作品的创作方向和表达形式更加符合市场需求，推动传统经典剧目走向更多年轻群体。

三是加强文艺作品数智化普及。数智化普及能够打破时间和空间限制，是适应当前技术发展和市场需求变化的必然选择，是推动文化繁荣的关键之举。要利用官方网站、社交媒体、短视频平台、在线直播等渠道，加强数字化文艺作品推介，搭建作品与观众之间的互动社区，让观众在与文艺作品的交互中实现对艺术价值的内在体认。要举办在线艺术讲座、研讨会等公共文化活动，开发在线课程、互动游戏、虚拟导览等数字化教育资源，实现从线下到线上、从技术到观念的转换，推动艺术教育融入日常生活。要搭建线上文艺作品交流平台，支持文艺机构、科技公司、教育机构开展深入合作，促进跨地区、跨领域的文化艺术资源共享与交流。

四、加强传播：提升融合质效

习近平总书记指出，"讲好中国故事，传播好中国声音，展示真实、立体、全面的中国，是加强我国国际传播能力建设的重要任务"[①]。当前，数字信息技术飞速发展、迭代升级，推动文化和科技深度融合是顺应传播生态变化的时代要求，对促进传播内容提质、传播渠道拓展、传播效能提升具有重要意义。

1. 推动党的创新理论高质量传播

党的创新理论传播，也要紧跟科技变革步伐。文化和科技融合能够帮助我们更好地理解和传播党的创新理论，增强理论的生命力和影响力，形成凝心铸魂聚力的新局面。

一是打造宣传阐释传播的数智化平台。用好大数据、云计算、生成式人工智能等前沿科技是推进党的创新理论宣传阐释

---

① 《习近平在中共中央政治局第三十次集体学习时强调加强和改进国际传播工作 展示真实立体全面的中国》，《人民日报》2021年6月2日，第1版。

传播的新要求。要支持建设马克思主义理论短视频创新研发制作平台，运用高清动画、虚拟现实等前沿科技，采用故事讲述、互动问答等形式，增加理论短视频的趣味性和参与感。要依托人民网、新华网、求是网、"学习强国"等权威资源库，研发打造集快速生成、权威解读、生动阐释、体系呈现于一体的党的创新理论宣传阐释智能平台，打造超智能、超写实理论传播数字人IP，进一步推动党的创新理论学理化、体系化、通俗化、大众化。要搭建党的创新理论互动式传播平台，与轻量化传播、沉浸式传播、分众化传播等传播方式有机结合，形成立体化的党的创新理论传播体系。

二是赋能新时代思政课建设。文化和科技融合不仅赋予思政课教学鲜活生动的表达形式，也为思政课发展增添了创新动力。要把散布各地的文化遗产、革命文物、史料文献等文化资源进行数字化整合，与国家文化大数据体系对接共享，构建一个全方位、多层次、立体化的思政教育资源数据库。要对在线学习平台进行开发提质，完善课程点播、在线测试等功能，提供个性化的学习路径和资源推荐，实现学习的精准定制，满足多样化的学习需求。要运用虚拟实验室、游戏化学习等方式创新思政课教学，增强学生的学习体验。要运用人工智能、虚拟现实、裸眼3D等前沿科技，把数字博物馆、数字纪念馆、数字红色文化展馆等建设成思政课教学云平台，构建"参观+互动+对话"的多维度体验，提升思政课程的参与度与沉浸度。

2. 推动全媒体传播体系建设

全媒体传播体系是在全媒体不断发展，出现全程媒体、全息媒体、全员媒体、全效媒体，信息无处不在、无所不及、无人不用的新形势下，形成的功能更全、效能更高的新型传播体系。全媒体传播体系建设是做大做强主流思想舆论、塑造主流舆论新格局的重要举措，是提高国家文化软实力的重点任务，而文化和科技融合是赋能全媒体传播体系建设的重要力量。

一是提升全媒体传播内容质量。建设全媒体传播体系，内容建设是根本，也是不断提升全媒体传播效力的关键所在。要运用大数据技术，深入挖掘各类信息，为打造高品质内容奠定信息基础。要利用生成式人工智能技术，提高内容生产的效率和质量。要深入分析用户行为、喜好、需求，实现内容的个性化推荐和定制。要加强物联网、传感器等的发展应用，实现信息反馈和用户反馈的实时传递，提高用户的参与度和黏性，促进内容的智能化、场景化和沉浸化。要完善自然语言处理、图像识别等功能，提升内容审核的智能化水平，降低不良信息的传播风险。

二是强化先进技术支撑。全媒体传播体系是基于以互联网为核心的现代信息技术、顺应媒体发展规律而形成的一个全方位、多层次的新型传播平台，在建设过程中必然离不开技术创新的支撑。要强化5G、大数据、物联网、人工智能、区块链等智能技术的研发运用，将最新科技成果融入全媒体传播体系建设过程中，让媒体更好地适应分众化、差异化的信息需求，推动媒体融合向纵深发展，实现媒体功能的全效化。要支持主流媒体特别是具有资源优势的中央级媒体盯紧与舆论宣传工作息息相关的最新技术，加大技术研发投入，构建完善的先进技术支撑体系，将核心技术牢牢掌握在自己手中[①]。

三是创新全媒体管理模式。数智时代背景下，媒介的迭代周期不断缩短，强化创新管理是顺应时代变化的必然要求。要妥善处理不同类型媒体的关系，明确各类媒体的定位、功能，实现精准式管理。要打通广播、电视、报纸、网站、微信、微博等媒体平台，充分发挥"报台抖微端屏"多平台资源优势，推动"大屏带小屏、小屏通大屏、多屏连受众"的全方位互动，打破条块化的管理模式，实现不同类型媒体在价值导向、奖惩机制、内容生产与运营等方面的一体化管理，形成协同合作的新局面。要开发单个媒体创新管理的智能软件，实现新闻采集、生产、分发的统一管理，打破采编部门相互分割、自成一体的局面。

3. 推动数字文化出海

数字文化是文化和科技深度融合形成的新型文化形态，推

---

① 丁佳文：《习近平总书记关于加强全媒体传播体系建设重要论述研究》，《理论与现代化》2024年第1期。

动数字文化出海是建设社会主义文化强国的重要内容。要从营造良好环境、提高数字文化竞争力、加强国际合作等方面入手,加速推进数字文化扬帆出海。

一是优化政策支持和配套服务。 政策和服务是推动数字文化出海的基础保障。要依托各地自由贸易试验区,建设保税数字文化产业基地,开放数字文化贸易服务入口,支持领军企业设立海外分支机构,打造数字文化产品国际贸易中心。要建立和完善数字文化出口重点企业库、重点项目库、重点产品库,加大对入库企业、项目、产品的支持。要实施专业服务"跟随出海"战略,打造集法律、会计、咨询、融资、知识产权服务、供应链管理、人才资源等专业服务于一体的一站式服务平台,加强数字文化产品和服务出口基地建设。要对标国际先进标准,设立对外数字文化产品标准评议基地,推动数字文化贸易规则、规制、标准、管理"走出去"。

二是促进数字文化创新。 促进数字文化创新,提高数字文化核心竞争力,是推动数字文化出海的内在要求。要构建多主体参与、多模态互动的内容智能生产体系,推动数字文化内容生产、传播与消费的全产业链变革,实现数字文化产业颠覆式创新[1]。要支持各地挖掘地方特色,做好前沿科技与特色文化的深度融合,孵化培育更多深入人心的中国数字文化 IP。

---

[1] 邵明华:《我国数字文化出海的历史机遇与发展方向》,《人民论坛》2024 年第 13 期。

三是深化文明交流互鉴。 深化文明交流互鉴是推动数字文化出海的重要抓手。要高标准举办文化科技国际展览会、研讨会等一系列交流合作活动，构建线上线下交流平台，创新信息交流、技术支持、业务对接等服务，建立健全思想家、艺术家、科学家交流合作的常态化机制，激发数字文化的突破性创意和发明。要支持高校、科研院所、智库机构通过人才培养、课题研究、学术交流等活动，宣传和推介数字文化内容，与海外相关机构开展深度对话交流，为出海企业提供智力支持。要利用国际主流媒体和海外社交平台的影响力，加强我国数字文化产品的国际运营和推广。

五、改革创新：探索融合机制

党的二十届三中全会提出，要深入"探索文化和科技融合的有效机制，加快发展新型文化业态"。文化和科技融合是一个复杂系统，离不开多方协同和资金、人才等各种要素的支撑。要更加注重顶层设计，运用知识产权成果转化、产业组织兼并重组、金融政策加强支持等举措，克服文化产业与科技创新之间存在的转化成本、技术吸收能力、产业技术标准等障碍，打通两者进行双向知识、技术转移的通道，加速实现文化与科技的耦合。

1. 构建科学领导机制

数字化时代，文化业态的多样性要求文化体验的丰富性和跨界融合，构建业态间的"大关联"，落实文化科技融合发展相关规划与政策，加快推动新型文化业态发展。健全党领导各项工作的体制机制，确保文化科技融合发展统筹推进、联动高效。

一是完善国家层面的组织领导机制。当前,文化业态分割与数字化融合需求不匹配,阻碍了文化和科技的有机融合和互动发展。要加快完善中央宣传部、科技部牵头,中央网信办、财政部、文化和旅游部、国家广电总局等部门共同参与的工作机制,统筹协调各部门,加强文化、科技、产业、财政、金融、区域等政策协同,协同推动全国文化和科技融合工作,指导文化和科技融合发展的主攻方向和重点领域,决策部署文化和科技融合发展的重大规划和重大项目,推动部门间、地域间的要素联合、产业联合,形成部门协同、区域协调的文化和科技融合新局面。

二是建立地方层面的协调推进机制。根据国家《关于促进文化和科技深度融合的指导意见》《关于推进实施国家文化数字化战略的意见》《关于推动数字文化产业高质量发展的意见》《"十四五"文化发展规划》《元宇宙产业创新发展三年行动计划(2023—2025年)》《关于推动未来产业创新发展的实施意见》等有关文化和科技融合的政策举措与任务要求,各地要加快落实文化领域和科技领域相关规划及政策中涵盖文化科技融合发展的工作部署,进一步明确文化和科技融合发展目标、重点任务及具体政策。要推动有条件的省(自治区、直辖市)及副省级城市、省会城市和文化资源富集的市、县,建立健全本地文化和科技融合发展工作协调推进机制,强化文化、科技、宣传、经济、统计等部门协同,统筹解决在推进文化和科技融合过程中遇到的难点、堵点、痛点，充分调动各方积极性，为文化和科技融合创造良好的条件与氛围。

三是搭建常态化文化科技跨界沟通交流平台。文化科技融合不仅要求文化领域的从业者了解科技的最新发展，同样要求科技领域的从业者对文化的需求和特点有足够的认识。要鼓励成立融合发展促进中心、文化科技行业协会等非政府组织，组织跨界研讨会、论坛等交流活动，设立"技术艺术家""文化工程师"等特殊职位，提供共享的语言和认知框架，建立有效的话语体系，统一双方认知，加速融合进程。

2. 构建协同创新机制

统筹推进教育科技人才体制机制一体改革，提升协同创新整体效能。

一是健全协同攻关机制。深化科技体制改革，加强国家战略科技力量建设，统筹强化关键核心技术攻关。优化重大科技创新组织机制，将文化和科技融合技术研发列入国家重点研发计划，部署一批体现国家战略意图的重大文化和科技融合攻关项目、科技工程、研发项目等，加大对文化和科技融合创新重大共性关键技术和产品研发的持续支持力度。积极推进央地协同、省部共建国家级重点实验室和科研机构，加快优化省级重点实验室布局。设立文化和科技融合专项，推动高清视频、大模型与生成式人工智能（AIGC）、文化装备等关键共性技术攻关，积极探索新一代信息技术、量子科技、人工智能、生命科学等前沿科技在文化领域的创新应用。

二是健全成果转化机制。加强中试基地、专业化技术转移机构建设，有效降低文化科技成果转化风险。推动科技成果赋能主流思想舆论传播、文化遗产保护传承、公共文化产品和服务供给、新型文化业态培育、文化装备自主研发制造等，提升理论传播和文化服务质效。

三是建立场景搭建机制。建立场景机会、场景能力、场景示范项目"三张清单"定期发布制度，探索"政府搭台、企业出题、企业答题"模式，推动技术创新与市场需求有机结合。通过市场化方式举办各领域应用场景大会，构建具有中国特色的应用场景综合服务体系，推动科技成果商业化。支持在马栏山视频文创园等国家文化和科技融合示范基地建立创新产品展示体验中心，为新技术新产品提供长期的集中展示和真实场景条件，打造场景创新集聚地和示范区。

四是建立文化赋能科技机制。依托全国各地悠久的历史文化、厚重的革命文化和活跃的现代文化，打造区域特色文化IP，把软文化转化为硬实力，让科技做对的事、做聪明的事，让其更加人性化、美感度更高，使其成为造福人类的"利器"。

3. 构建市场导向机制

坚持市场化改革方向，推动松绑、放权、赋能，激发市场主体内生动力。

一是深化文化事业单位改革。分类推进文化事业单位深化内部改革，允许实行比一般事业单位更灵活的管理制度。允许通过知识产权作价入股等方式投资设立企业，从事文化创意产品开发经营，以企业为主体参与市场竞争。探索建立全国博物馆"一张网"智慧管理运营体系。

二是深化文化领域国资国企改革。持续推进国有文化资本布局优化和结构调整，积极处置非主业、非优势业务与低效无效资产，推动国有文化资本向文化和科技融合领域集中。建立管理团队、核心骨干等人才股权期权、超额利润分配等中长期激励机制。

三是深化融媒体改革。总结推广全国融媒体中心改革经验，改革运营模式，争取政策支持，探索实行"事业单位企业化运作"机制，推动县级融媒体中心设立文化传媒有限公司，实现从"输血"到"造血"的转换。

四是深化行政审批制度改革。积极探索中宣部、国家广电总局等部门下放相关审批权限，组织开展影视剧、网络游戏等行政审批备案制度改革试点。坚持应放尽放，将省级审批权限尽量下放。

五是建立国际传播和贸易机制。推动文化企业深度参与"视听中国"等国际传播工程。打通网络文学、网络视听、动漫游戏、数智出版出海链路。推动条件成熟的省份成立国际传播中心，与文化出海基地等平台载体进行资源整合、渠道建设。推动地方特色与国际文化传播趋势相融合，积极开发特色鲜明、具有竞争力的地方特色文化产品与服务，推出具有地方特色文化符号的现象级影视作品、IP、文创等文化精品。

4. 构建要素配置机制

立足文化和科技融合的新形势，加快完善要素市场化配置体系，推动关键要素高效配置，着力提升企业的文化科技融合创新能力，鼓励新型文化业态的发展。

一是建立财税支撑机制。统筹建立文化科技财政专项资金扶持体系，包括实施财政补贴，设立文化科技融合专项基金、专项津贴和无偿资助等，优化中央与地方的各级财政专项资金评审标准和绩效评估，建立财政资金的有序退出机制。推动中国文化产业投资基金与相关省份共同发起设立文化科技产业投资基金。研究与文化新业态相适应的税收制度，提高文化科技型企业研发费用加计扣除比例。加大对文化科技融合企业的资质认证及培育支持，明确文化科技融合的新兴业态发展情况，出台差异化的税收优惠政策。探索自主开展文化领域高新技术企业认定，经认定企业减按15%的税率征收企业所得税。延续继续扩大文化体制改革中经营性文化事业单位转制为企业的税收优惠政策。

二是建立金融支持机制。积极发展科技金融、数字金融，鼓励金融机构开发特色文化科技金融产品，支持长期资本在试验区投早、投小、投长期、投硬科技。支持各类文化科技企业首发上市、再融资和并购重组。建立数字文博交易平台和文化科技金融服务中心，构建涵盖"投、贷、保、担"的一体化综合金融服务体系。健全风险和创业投资机制，整合各级财政、国企国资等资源，构建涵盖"种子+天使+VC+PE+并购"项目全生命周期的基金投资体系。链接资本、技术、市场、政策等关键资源，打造功能齐全的文化科技企业路演服务平台。搭建股权众筹平台，开设新型抵押窗口，积极探索文化科技创意融资。

三是建立人才引育机制。 推动"科"字带头的新文科建设，构建与科技发展、国家文化数字化战略需求相适应的学科调整机制和人才培养模式，增设文化科技相关专业，形成具有文化艺术类、科学技术类和经营管理类学科特色的交叉性学科。设立文化和科技融合人才专项资金，直接奖励在文化和科技融合领域作出突出贡献的个人和团队。出台文化科技产业人才发展专项规划，在"万人计划""百千万人才工程"等高层次人才认定、引进和培育计划及职称评审中增设"文化科技人才专项"，支持文化科技人才通过"绿色通道"直接申报中高级专业职称认定。优化人才薪酬、住房、养老、医疗以及子女入学等配套保障体系，大力引进高端顶尖人才。探索文化和科技融合学科设置和人才培育机制，组建文化和科技融合高水平大学。

四是建立文化数据交易机制。开展中国数字印刷大数据中心建设试点,建设智能印刷应用研发创新基地、国家版权贸易基地。建设文化数据标注基地,制定标准规范,探索建立文化数据产权归属认定、市场交易、权益分配、利益保护制度,推动培育全国一体化数据市场。

六、安全发展：防范融合风险

安全和发展是一体之两翼、驱动之双轮。习近平总书记强调，"安全是发展的前提，发展是安全的保障"[1]，"我们必须坚持统筹发展和安全，增强机遇意识和风险意识，树立底线思维，把困难估计得更充分一些，把风险思考得更深入一些，注重堵漏洞、强弱项，下好先手棋、打好主动仗，有效防范化解各类风险挑战，确保社会主义现代化事业顺利推进"[2]。在科技的全面赋能下，文化产业正经历文化与科技"双向奔赴"带来的前所未有的变革，但同时也引发了科技伦理风险、数据安全、算法滥用与信息茧房、文化同质化和数字文化成瘾等新的发展

---

[1] 习近平：《做好应对任何形式的矛盾风险挑战的准备》，人民网－中国共产党新闻网，http://cpc.people.com.cn/xuexi/gb/n1/2018/0212/c385476-29819926.html
[2] 习近平：《正确认识和把握中长期经济社会发展重大问题》，《求是》2021年第2期。

问题，使得提高维护国家文化安全的能力更加迫切①。必须围绕意识形态、数据保护、科技伦理等重点领域，加强监测预警、强化风险防范，以高水平安全护航高质量发展。

1. 守住意识形态红线

意识形态属性是文化产业的基本属性，确保意识形态安全是推进文化和科技深度融合的核心内容。必须坚持马克思主义在意识形态领域的指导地位，强化文化和科技融合的意识形态风险防范阵地意识，确保文化和科技融合发展的正确价值导向，营造健康文化生态。

一是健全内容智能风控体系。当前，主流媒体正在经历智能化、数字化转型，譬如生成式人工智能赋能人机融合，在内容采编、内容审核、内容播出等多个场景中拓展，在提升传播效率、扩大传播广度的同时，也加大了防范化解网络内容意识形态风险的难度。要进一步健全人机协作型"审核＋巡查"体系，打造内容智能风控平台，为互联网内容、信息安全管理提供审校服务，重点为文化小微企业提供意识形态把关服务。探索建立互联网信息审核员分级培训体系，助力互联网企业和自媒体平台培养专业审核人才。

二是加强舆情监测与预警平台建设。在文化和科技深度融

---

① 解学芳、高嘉琪：《数字文化强国背景下的中国式文化元宇宙》，《东南学术》2023年第4期。

合的趋势下，信息传播技术和信息接收终端空前平民化普及化，"人人都有麦克风"，人人都是舆论点，互联网日益成为意识形态斗争的主阵地、主战场、最前沿。舆情监测、预警、应对不仅是舆论引导的重要手段，更是争夺舆论主导权的前沿阵地。要正确认识网络舆情的敏感度，强化舆论阵地意识，全方位整合社交媒体、新闻网站、论坛、自媒体等网络平台的舆情数据资源，深化情感分析工具应用，打造文化舆情云平台，借助技术手段赋能舆情监测，实现全网、全天候、全景式监测。

三是加强意识形态安全管理。 智能技术不可避免地承载人的观念并带有一定的价值偏向，当暗含政治观和价值取向的智能工具、智能设备投入生产和使用，在很大程度上会对意识形态产生影响[1]。要推动建立协同防治和动态防治机制，建立健全重大项目意识形态风险评估和风险研判机制，深度识别文化科技融合中的隐性意识形态风险，及时切断危害意识形态安全的风险源。进一步加强社会主义核心价值观的数字化、网络化传播，利用各类平台讲好中国故事，提升人们对中华文明主流价值观的认同感和归属感，在繁荣数字文化事业和促进数字文化产业高质量发展的过程中培育人们的文化自觉、文化自信，推动文化自强，构筑保护文化主权和国家文化安全的"防火墙"。

---

[1] 殷乐：《深刻把握数智时代的社会主义意识形态建设》，《光明日报》2024年7月22日，第7版。

2. 守住数据安全防线

数据安全是文化数字化的核心问题，或者说基础性问题，它不仅关系到文化资源的有效保护和利用，也是确保文化数字化战略成功实施的关键因素[①]。必须加强文化数据安全的全链条监管，构建完善的文化数据安全监管体系，完善文化资源数据和文化数字内容的产权保护措施，增强文化资源在消费过程中全流程的可溯源性。

一是加强文化数据安全管理。建立健全全流程文化数据安全管理制度，强化文化数据出境安全管理，提高数字文化领域的安全事件预警和处理能力。探索建立数据安全分类审查制度，对内设计高于个人数据权利的保护规则，对外严格限制和规范主体责任，特别对在海外上市的文化企业设置境内安全审批制度，夯实产业数据安全。要加强数据主权管理，明确数据管理者和运营者的法律权责，约束拥有用户数据的企业平台合规应用数据信息，禁止侵犯用户权益和无序采集数据，提高数据产权和版权保护力度。

二是提升文化数据安全供给能力。要加大研发数据加密技术和认证技术，突破大数据领域的"卡脖子"技术，保障数据跨境传输安全，为国家文化数据安全提供重要技术保障。实施

---

① 高书生：《国家文化数字化战略：背景与布局》，《河北师范大学学报（哲学社会科学版）》2022年第5期。

网络和数据安全优质企业培育工程，发展安全检测、评估、认证等服务。加强对人工智能、算法推荐等新技术监管，建立健全相关管理制度和完善技术措施。

<u>三是推进文化数据产权保护</u>。完善数字出版、动漫、网络游戏、网络视听、创意设计等文化科技融合重点领域的知识产权评估体系，建立健全知识产权信用保障机制。实施版权创新发展工程，鼓励文化科技企业自主创新形成的成果及时申请、注册、登记知识产权。探索建立数字版权交易的相关标准、操作流程、制式范本等，运用区块链技术解决文化数据确权、价值评估、安全交易等问题。构建文化资源数据和文化数字内容知识产权保护运用公共服务平台，建立知识产权侵权惩罚性赔偿制度。推动构建覆盖文化科技全领域的快速审查、快速确权、快速维权"一站式"服务体系，加大知识产权保护和违法侵权执法力度。加快建设知识产权服务中心、高校和科研院所技术转移服务网等一批综合性平台，探索建立网上文化科技成果交易平台。

3. 守住科技伦理底线

科技作为一把"双刃剑"，既可以造福人类，也可能危害人类。在促进科技向文化领域广范围、深层次渗透的同时，也要理性认识科技的两面性，守好科技伦理底线，推动科技"向善"与"向上"，减轻或消除科技内蕴的矛盾，限制科技负面影响向文化领域入侵，保障文化产品和消费体验的健康与品质①。

一是引导科技规范健康转化。要正确认识科技的两面性，警惕文化与科技融合过程中产生的技术风险与伦理问题，在科技理性之外丰富价值理性的维度②，促进文化与科技融合向"人文的科学主义"和"科学的人文主义"升级，构建具有中国特色的文化科技伦理。坚持以"理念+技术"破解文化与科技融合过程中产生的信息茧房、信息失真和文化同质化等问题，优化算法模型和内容审核机制，平衡精准推送和知识破圈的需求。不断完善《科技成果转化负面清单》，强化科技在文化领域成果转化中的"底线"意识，消解科技内蕴的矛盾和负面影响。

二是打造健康、自信、繁荣的数字文化。伴随着文化数字化进程的深入推进，文化的生产、传播和接受都发生着巨变。在此过程中，也需警惕文化 AI 化的趋势，警惕文化形式在翻新，而文化内容和文化精神却在不知不觉间枯萎③。要确证科技作为文化传承和信息传播载体的工具性作用，坚持"内容为王"，持续扩大优质内容生产，引导和鼓励文艺工作者在内容

---

① 黄永林：《加强文化与科技融合的价值引导》，《光明日报》2020 年 6 月 4 日，第 16 版。
② 牛绍娜：《推动科技理性与价值理性的平衡》，河北新闻网，http://world.hebnews.cn/2020-09/09/content_8098704.htm
③ 李婷：《AI 文化热潮中不可忽视潜在的法律风险》，《四川日报》2023 年 5 月 26 日，第 9 版。

细分领域创作出既彰显民族文化精髓又能通过数字技术表达的优秀数字文化精品，为受众提供更真切的归属感，切实提高数字文化产品质量。要不断提升文化科技产品的品质，向市场持续供给健康、多元、优质的数字文化产品，释放文化对科技自主创新、价值观培育、知识溢出与共享等软支撑作用，丰富科技产品的文化内涵，实现文化与科技融合真正服务于人类社会发展进步。

后记

文化是民族精神之根，科技是国家强盛之基。推动文化和科技双向奔赴、融合发展，是历史之大势、现实之所迫，已然成为摆在我们面前的重大时代命题。

从2023年底开始，湖南省社会科学院（湖南省人民政府发展研究中心）组织力量开展了为期半年的广泛调研和集中攻关，深化了对这一问题的研究论证。本书系该课题研究的成果，由钟君组织策划、确定主题、拟定框架，并提出核心思想观点。侯喜保参与了组织、讨论和统稿工作。全书共分五个部分，写作分工如下：绪论由钟君、何明明执笔，第一章由潘小刚、陈英、周湘智、陶庆先、毛健、刘启民、向志柱、郑自立执笔，第二章由罗黎平、马骏、刘陶执笔，第三章由闫仲勇、邓子纲、黄晶、许安明执笔，第四章由李晖、李詹、贺超群、黄东、史常亮执笔。由钟君最终统稿。

本书不仅凝结着课题组成员辛勤研究的汗水，还饱含着许多领导、专家倾情指导的心血，同时得到了中共湖南省委宣传部和湖南人民出版社的大力支持，在此一并致谢！

由于该领域研究尚处起步阶段，且具有很强的跨学科、跨专业特性，加之时间仓促、水平有限，书中难免存有不当之处，敬请广大读者批评指正。

本书编写组

2024 年 9 月

本作品中文简体版权由湖南人民出版社所有。
未经许可，不得翻印。

图书在版编目（CIP）数据

融变鼎新：文化和科技融合的理论透视 / 本书编写组编著. -- 长沙：湖南人民出版社，2024.9. -- ISBN 978-7-5561-3704-6

Ⅰ．G127.64

中国国家版本馆CIP数据核字第2024CP7746号

RONGBIAN DINGXIN:WENHUA HE KEJI RONGHE DE LILUN TOUSHI

融变鼎新：文化和科技融合的理论透视

编　　著	本书编写组
出版统筹	黎晓慧
责任编辑	傅钦伟　潘　凯　古湘渝
装帧设计	陶迎紫
图解设计	速溶综合研究所　鹅妹子　阿　玥
出版发行	湖南人民出版社［http://www.hnppp.com］
地　　址	长沙市营盘东路3号
邮　　编	410005
经　　销	湖南省新华书店
印　　刷	长沙超峰印刷有限公司
版　　次	2024年9月第1版
印　　次	2024年9月第1次印刷
开　　本	710 mm × 1000 mm　　1/16
印　　张	16.5
插　　页	2
字　　数	180千字
书　　号	ISBN 978-7-5561-3704-6
定　　价	49.00元

营销电话：0731-82221529　　（如发现印装质量问题请与出版社调换）